于友　编著

见贤集

——喜读周有光论著

群言出版社
Qunyan Press
·北京·

2011 年 9 月，周有光 106 岁，热心启蒙，谈兴正浓

周有光多年间不断赠送于友的多本新著

目　录

了解世界发展规律

大国往事的追思

文字改革的贡献及其他

附　　录

前　言

早在1978年冬，我有幸参与北京大百科全书出版社工作，认识了周有光老师，他当时和名记者姜椿芳、刘尊棋等在一起，规划出版中国大百科全书。1985年，我曾担任民盟中央刊物《群言》的首任主编，周老师是刊物的编委会委员和热心作者，我从此得到了向他学习的宝贵机会。

此后，博学的周老一直指导着我。我读到了他发表的许多论著，其中有些是他送我的新书。我到过他家拜访，听过他知识渊博的谈论；我还不时收到他的来信，他寄给我不少新鲜的时事资料，让我了解世界的实际情况。三十多年了，我深感幸运。

我确实认识了周老师的为人，他是一位先驱，站在当代思想文化领域的最前沿，悉心进行着启蒙工作，积极传布着他掌握的新思想——那些关于人类社会发展的科学知识。他断言迷信的时代要过去了，盲从的时代要过去了；他寄希望于“21世纪人”：“了解过去，开创未来，历史进退，匹夫有责。”他年岁超百，仍不断发表文稿，通俗地宣讲自己研究所得的理念。他无疑是当今一位非常辛勤和热诚的公众导师。

三十多年间，我也曾坚持利用难得的余生时间，感受着前辈的敦敦教导。读周老的书，我还学到了他终身学习的经验，其中一项是写学习笔记。从上世纪80年代开始，我就坚持记一些周老论著的笔记；去年连他写的散文，我也仔细品味，从中学习他的启蒙精神。

我一生干记者工作，曾尽力传布新闻信息。今年我整理了自己记述周老为人和治学的一些文稿，觉得在当今改革开放年代，记者我有义务扩大传布这些心得体会，我斗胆编辑了这本文集《见贤集——喜读周有光论著》，以便公开出版。我还编写了一篇《周有光启蒙语录》作为文集的导读，扼要地反映周老近年有关文化和全球化论著的一些重要论点。它是我所写许多笔记的提要，便于读者了解和查考。

由于我生怕自己对周老思想的领会不够全面和深刻，我把几篇读过的周老文章和我的部分笔记编在一起，以利于读者阅读周老的原文。在这本书出版之前，我曾把书稿的整个目录向周老汇报，请他过目，有幸得到了他的鼓励和支持。但限于我的水平，我写他为人和治学的文稿肯定还存在一些不足，我恭请读者批评指正，帮我得到进一步认识。谢谢。

于　友

（2011 年 3 月 15 日，时年 96 岁）

导 读

——周有光启蒙语录

早在上世纪 80 年代，我开始阅读周有光老先生公开发表的文章，深感周老是个知识渊博的学者。他不仅熟悉文字学，为我国的文字改革建立过重大的功勋，而且精通社会科学，对人类社会的发展规律具有深刻的见解；他老当益壮，不辞辛苦，不断著书立说，旨在为读者启蒙，解除困惑；二十多年来，我深受教益。我摘录他众多著作中他语重心长的论点，编成了短稿《周有光启蒙语录》，供作本书的导读。语录全文如下：

关于文化

* 今天是双文化时代，任何国家都是一方面保存和改

进传统文化，一方面利用人类“共创、共有、共用”的现代文化。现代文化的主要内容是自然科学和社会科学，以及现代化的日常生活，作用是发展人类社会的共同幸福。

*在现代文化的形成过程中，西方文化的贡献较大，因为西方的科学是现代文化的核心。

*我们的经济生活正在跟世界接轨，我们的政治生活和文化生活也要跟世界接轨。我们要做现代文化的主人，不要长期做现代文化的客人。

——2003 年 6 月 30 日《中国文化和现代文化的接轨》

关于科学

*国际现代文化的精髓是科学，包括自然科学和社会科学。科学是一元性的，不分民族，不分国家，不分阶级，不分地区。

*社会科学的发展使经济和政治制度已经成为可以科学地论证的课题，不再服从天意、圣谕和古训。

———2003 年 11 月 13 日《人类社会的文化结构》

* 自然科学是生产力的科学，社会科学是生产关系的科学；在重视自然科学的同时，必须重视和发展社会科学。不偏执于姓社姓资，不拘泥于西化东化，择善而从就能胜卷在握。

——1999 年 11 月 1 日《新世纪的祝愿》

* 科学技术和一切知识都是人类的共同创造。知识在东西方之间不断流动，古代西方学东方，近代东方学西方。落后要想变为先进，没有第三条路，只有老老实实地学习。反对帝国主义，同时反对帝国主义的知识，这是把知识“图腾化”了。

——1999 年 1 月 29 日《文明古国的知识现代化》

关于世界观

* 苏联宣传：人们的社会地位不同，观察问题的角度不同，形成不同的世界观；世界观具有鲜明的阶级性。俄罗斯改正了这种说法。自然世界观的根据是自然科学。社会世界观的根据是社会科学；科学没有阶级性，世界

观哪来阶级性？

*社会世界观：人对人类社会的理解，核心问题是统治制度，古代认为君主和贵族统治人民的专制模式是永恒制度；现代社会学证明人类社会的发展步骤和统治制度的逐步演进。

*全球化时代的世界观，跟过去不同，主要是：过去从国家看世界，现在从世界看国家。过去的世界观没有看到整个世界，现在的世界观看到了整个世界。在全球化时代，由于看到了整个世界，一切事物都要重新估价。

——2009年5月8日《全球化时代的世界观》

关于历史

*历史要真实，不要伪造；认识要理性，不要曲解。这是全球化时代的头等大事。

——2009年5月8日《全球化时代的世界观》

*历史是一种基础知识。不论从事哪一种行业，如果有了必要的历史知识，就会增进人生的动力和人生的

意义。一个社会中如果有适当一部分人达到这种的境地，就能把社会建设成比较理想的状态。

*历史进退，匹夫有责。

——2000年12月23日《文艺复兴和启蒙运动》

关于“与时俱进”

*在先进与落后的冲突中，在复古与创新的矛盾中，“与时俱进”是历史导航的方向盘。“与时”，不墨守历史成规，“俱进”，改革开放，进入先进国家行列，实行先进的经济和政治制度。世界各国都在进步，我国岂能例外？

——2003年11月8日《学写八股文》

*历史指示：与时俱进，前途光明，逆时后退，失败淘汰。个人如此，国家如此。

——2004年6月6日《后资本主义的曙光》

关于改革开放

*我们中国搞改革开放，就是在接近世界，只要我

们还在走，就在接近世界。

——2010 年 9 月 25 日《孔夫子的理想国》

关于全球化

＊全球化是不受地理限制的行为，多数国家已经实行，并且有推行到全世界的趋势。科学破除迷信，真理传遍世界，这是科学的全球化。

——2000 年 11 月 13 日《什么叫做全球化》

关于现代化

＊现代化是历史的前进运动。现代化不是静态的概念，而是动态的概念，不是部分的修改，而是全盘的发展，不是一时的改革，而是永恒的行动。今天全世界所有的国家都在或先或后地进行现代化，在全球化的竞技场上进行激烈竞争。回顾历史，成败的关键在于是否遵守历史的发展规律。

——1999 年 4 月 19 日《什么叫做现代化》

关于民主

*废专制，改民主，是近代革命的主旋律，也是“前现代”到“现代”的分界。有的国家废除君主，保留封建；有的国家废除封建，保留君主。鉴别革命的真假，要看事实。大清帝国改名中华民国，实际是军阀代替帝王。文明古国大都留恋封建，拒绝民主，认为不合国情。

——1999 年 4 月 19 日《什么叫做现代化》

*当代民主的一般模式是多党直选，三权分立。中国的民本思想不等于民主制度。“载舟覆舟”的箴言，目的是保卫皇帝免于覆亡。民主不是十全十美的制度，但是历史证明，民主有利于发展经济，提高文化，使盲目崇拜变为独立思考，因循守旧变为进取创新。文化低下，难于实行民主，但是不可能先提高文化然后实行民主，只可能先实行民主然后提高文化。人们希望 21 世纪是民主全球化的世纪。

——2000 年 11 月 13 日《什么叫做全球化》

关于理想

＊理想是崇高的希望，前进的向导，精神的支柱。人类智慧高度发展之后必然出现理想的向往。理想推动社会发展：经济从农业化到工业化到信息化，政治从神权统治到君权统治到民权统治，文化从神学思维到玄学思维到科学思维。各国发展有先后，差距很大，但是你进我追，都是向前，没有国家能够长期违背社会演进的历史轨道。

——2009 年 3 月 25 日《大同理想和小康现实》

关于预言

＊先知是自封的，预言是骗人的。如果事后不知道反思，那就是真正的愚蠢了。聪明是从反思中得来的。

——2004 年 9 月《〈百岁新稿〉自序》

关于马克思和恩格斯

＊马克思和恩格斯跟所有的学者一样，不断研究，不断进步，晚年纠正早年的错误。他们晚年都认识到，

阶级斗争可用和平方式在议会中进行。

＊马克思去世太早，只看到资本主义初级阶段（“一战”前）的前半，没有看到后半，更没有看到中级阶段（两战间）和高级阶段（“二战”后）；他没有看到资本主义的全貌。因此《资本论》只可能是哲学推理，不可能是科学实证。

——2009年5月8日《全球化时代的世界观》

马克思讲得很清楚：建设社会主义必先建设资本主义，要先达到高度发达的资本主义，还要联合全世界的工人阶级一同建设社会主义。

——2009年3月25日《大同理想和小康现实》

关于社会主义

＊社会主义还是一种理想，没有成为现实。在社会发展规律的研究中，如何定义社会主义，如何区分现实的资本主义和理想的社会主义，需要重新认真深入研究。

——2005年7月8日《人类文化的结构和运动》

关于评论历史事件

＊评论历史事件的标准是看它对社会发展是促进还是促退。促进才是革命，促退就是以暴易暴。

——2000 年 9 月 9 日《话说天国》

关于百科全书

＊百科全书可以帮助我们站得高、看得远，认识本国、认识世界，扩大知识领域、扩大思维视野，从两千年专制封建的传统束缚中解放出来；封闭观点改为开放观点，地方观点改为世界观点，教条灌输改为理性识别，迷信盲从改为独立思考。

——2006 年 1 月《见闻随笔》

向启蒙导师学习

创见多多的耄耋学者

一般老年文人学者往往写作逐渐减少，可是北京学术界九十七岁的老人周有光却仍然不断发表文章。一般老年文人学者的文章难免缺少新的创见，可是周有光老人近年发表的文章依然创见多多，鲜明感人。

多年以前，笔者仅仅知道周老是国家文字改革委员会的专家，对汉字拉丁拼音化方案的制定卓具贡献，出过许多关于文字改革的著作，是倡导文字改革的文化巨人胡愈之的挚友。

后来 1986 年 8 月《简明不列颠百科全书》中文版问世，笔者才知道他是负责编审的两位中方委员之一，确信他是位博学多识的大学者。

1985年民盟中央出版综合性月刊《群言》，周老是刊物的编委之一。笔者常在《群言》杂志上读到他的文章。还记得他写道："知识是浩淼无边的海洋。每一个人只能看到知识海洋的一个角落。把自己装作无所不知是滑稽。把别人捧成无所不能是梦呓。实践每天在检验真理。真理每天在前进。"我体会到，他是一位辩证唯物主义的认识论者。

在1999年11月，周老撰文祝愿即将到来的新世纪，说新世纪应该是个"进步的世纪"，还说："社会科学是生产关系的科学，在重视自然科学的同时，必须重视和发展社会科学。不偏执姓社姓资，不拘泥东化西化，择善而从就能胜券在握。"这些话充满哲理。

到21世纪，显然由于读者的欢迎，《群言》几乎每期发表周老一篇几千字富有新意的文章。这时他已年过95了。

周老如此敬业，令人敬佩不止。更可敬的是他的文章深入浅出，而且每多独到的新见解，起着巨大的启蒙作用。在我国，至今许多学人囿于教条主义的思维习惯，而周老能独立思考，还敢于发表创新见解，不是非常难能可贵的吗？

举例讲吧，不少人总以为，民众文化不高，难于实行民主。周老去年1月发表题为《什么叫做全球化》的文章，说了自己的不同看法："文化低下，难于实行民主，但是不可能先提高文化然后实行民主，只可能先实行民主然后提高文化。"

他还说："民主的名义已经为全世界所接受，即使最反对民主的统治者也在国家名称中写上了民主字样。选举几乎普遍实行，不过很多是自欺欺人。"

再说近年有人扬言汉字优越无比，可以全球化。周老说了自己的看法："今天，全世界大多数国家用拉丁字母作为文字。""在国际互联网上，拉丁字母占据了文字符号的百分之九十九。拉丁字母已经全球化。"

好像越到晚年，他写作越勤，越加语重心长。最近三联书店出了他的一本文集《21世纪的华语和华文》，周老写了一个前言，文末建议“21世纪人”以下列4句话作为座右铭：“了解过去，开创未来，历史进退，匹夫有责。”这是老人对所有读者殷切的希望。

笔者对周老感佩无已，衷心祝愿老人健康长寿，不断发表新作，启蒙屡收宏效！还衷心希望更多有胆有识的人们，向周有光老人看齐，勇于思考，著书立说，尽力启蒙，开创未来。

（原载2002年10月12日《老年周报》）

■链接

周有光自述:《关于周有光》

1906年1月13日出生于江苏常州，原名周耀平。1923年就学上海圣约翰大学。1925年因“五卅惨案”而离校，攻读由爱国师生创办的光华大学，1927年毕业。1928年至1948年，任教于光华大学、江苏教育学院、浙江教育学院等校；任职于江苏银行和新华银行，并由银行派驻美国纽约和英国伦敦。1949年上海解放后回国，任复旦大学经济研究所教授和上海财经大学教授。业余从事语言文字学研究。1955年底奉调到北京，担任中国文字改革委员会、国家语言文字工作委员会委员、研究员，语言文字应用研究所研究员、中国社会科学院研究生院教授。1988年之前，长期担任全国政协委员会委员和教育组副组长。1989年离休后仍继续著述、讲课。著作有《汉字改革概论》、《世界文字发展史》、《比较文字学初探》、《周有光语文论集》（四卷）等20余种，论文

300篇。周有光跟姜椿芳先生一早就是学术好友，跟刘尊棋先生在美国和香港经常往来切磋学问。由于学术兴趣相投，所以共同参加《不列颠百科全书》编译工作，大家认为这是一件有利于中国走向世界的文化工作。

（原载徐慰曾著《这是件好事情——不列颠百科全书面中文版历程》2005年8月初版）

一个信念、两种方法

——学习周有光老人终身学习的精神

我认识一位耄耋学者周有光，他坚持终身学习，学而不厌。他今年已经100岁有余，但不服老，也不怕晚，自称是个“两头真”，到老还在追求真理。从他的著作中可以发现，他不仅博览群书，而且阅览国内外多种报刊，他现在生活的主要内容是学习和写作。他晚年的著作不断问世，诲人不倦。他显然是我国当代的一个“活到老，学到老”的典范。

老学者的人生观是“入世”，他提倡“了解过去，开创未来，历史进退，匹夫有责”。这显示他自己积极学习的心愿。他是一个老当益壮的公共知识分子。

坚持学有所为

周老十多年前还主要研究文字问题，发表不少探讨文字改革问题的文章，其中有些谈论文字发展的历史。这些年，他的注意力已转向社会发展问题。

2001 年，他就撰文宣告，他将负责告诉 21 世纪的人们“不要轻信神话，要牢记前车之覆，后车之诫”，于是，这些年他好像参加了报社的工作，开始评论许多现实问题，例如：什么叫做现代化，什么叫做全球化，苏联解体的教训，美国发展的历史，后资本主义同资本主义的区别，太平洋的新形势等等。

2004 年老人出了一本新书，内容他前十年期间发表过的文稿，目录开头的一大批文章就是谈国际形势的。他已经在认真履行他宣告的诺言。

2005 年他开始探讨人类文化问题，不但涉及它的历史，还涉及它的现状。他认为人类文化按照三个方面的步骤发展：经济从农业化到工业化到信息化，政治从神权到军权政治到民权政治，思维从神学思维到玄学思维到科学思维。

由于他老人家掌握着世界范围的历史知识，他多年来能从容地谈论一些人类社会的重大问题，很有前瞻性和启示性。他在一篇谈论“地球村”的文章中说过：“历史只有一条人类共同的现代化道路，没有捷径可以跨越，没有陈仓可以暗渡。现代化的道路是公开的，自由的，竞争的，艰难的国际公路。”

认真写作笔记

任何人的学识都靠积累，而任何人的记忆力都是有限的，周老研究学问靠不断地阅读，还靠不断地做笔记。他做笔记不仅为了帮助记忆，也还留供采用。他的笔记有两种，一种是有系统的笔记，一种是没有系统的笔记。我拜读过他的三篇有系统的笔记，三篇笔记都是他阅读后经过整理的心得体会，都已经是很有条理和说服力的文章。

还有另一种没有系统的笔记，我看到不少。老学者在广泛浏览之后，所得的点滴知识都抄录下来。早在1995年，他出版的书《语文闲谈》里，就刊布了他过去多年所抄录有关语文的点滴知识，举例说，福州林则徐祠林内自己写的对联："子孙若如我，留钱作什么？贤而多财，则损其志。子孙不如我，留钱作什么？愚而多财，益增其过。"抄录的对联被直接用作了一次"闲谈"，很精彩。

老学者2005年另一本著作内容400多条短文，几乎都是他多年抄录的知识：有的是别的学者的论点，有的是报纸上报道的消息。也举一个例：2005年6月从《经济新闻》上抄录的"中国卖出8亿件衬衫才能进口一架空中客车A380"。老学者后来在另一本书《见闻笔记》里采用了这条新闻，但加了两句评语。这上述两种笔记都足以说明，周老眼勤手勤，善于做笔记，是他大有收获的一种学习方法。

有问题先找百科全书

最近两年，周老一再透露他最欣赏的学习方法："有问题就去图书馆查书，可以先查百科全书，了解大概。”他认为这个方法能“不断增进知识，锻炼独立思考”。他希望今天的知识青年能重视这个经验。

据访问过老学者的张彦同志在一篇文章中说过，本人曾对老学者如此博学多闻，而且言必有据一直纳闷；1999 年当他了解到，原来周老早在 1923 年进上海圣约翰大学时，就把《不列颠百科全书》当作学习顾问，以后一直不断使用这部汇总人类知识的巨著，张彦同志终于明白了老学者博学的由来：“原来他不仅最爱读书，而且又是一个最善于用书的人。”

周老关于年轻人去图书馆找书以便深入学习的指示，使我很快想起了马克思，马克思的研究工作就是在伦敦的图书馆里取得成就的。其他利用图书馆取得成就的学者专家还很多。利用图书馆和百科全书不显然是一条深入学习的康庄大道吗？

关于老学者终身学习的经验，我了解的并不充分，还该进一步探索。有一点应该补充说一下：我体会老学者坚持终身学习，主要由于从不自满，而且到老还力图有所作为，这是他的一个信念；两种方法是为那个信念服务的。向老学者学习，不仅需要有不自满的谦虚，也还必须有点学以致用，有所贡献的雄心。

（写于2006年7月12日）

把百科全书当信赖的伴侣

——学者周有光博学多识的由来

耄耋学者周有光年逾整百，仍坚持终身学习，奋力阅读书报，还不断发表力作，诲人不倦。他不仅发表他精通的文字学宏论，多年来更多评论社会科学问题，每每提出崭新论见，助人感悟。20 多年前，本文作者在中国大百科全书出版社任职时初识周先生，此后在群言杂志社工作中又有幸得到他不少帮助，交往中对周先生的博学多识和他所写文章之所以精辟有所了解，他是把百科全书当作毕生信赖的知识伴侣，当作学习和研究的学术智囊，才取得这么广博和丰硕的成就。

经大学老师推介

我了解到早在周先生1923年进上海圣约翰大学就读的时候，大学老师就指定《不列颠百科全书》的一些篇章作为他必须阅读的课外读物，当年他在阅读之后就觉得书中的文章都叙述得全面而扼要，令自己“茅塞顿开”，得益无穷，从而他跟百科全书结下了不解之缘。

他至今还清楚地记得大学老师说过：“建筑知识高楼必须建筑宽广的知识基础；建筑宽广的知识基础，需要自我教育，终身教育。查看百科全书，并进一步阅读其中介绍的著述，是建筑知识基础的一条捷径。百科全书是‘没有围墙的大学’，谁都可以入学。”

20世纪20年代，周先生已经关心当时苦难中的中国和动荡中的世界，他和几位同学组成一个读报小组，常常谈论天下大事。他们觉得当时报纸的报道过于简单，为了了解世界大事的背景，常常去查看《不列颠百科全书》，每每能得到所需要的资料。他们把百科全书当成了读报的顾问。

当年周先生自己体会到，《不列颠百科全书》的文章都由世界各国的权威的专家学者撰写，这书是人类知识的汇总和浓缩，而且学术观点以客观和真实为依据，并不附和一时的思潮起落，因此具有长远的学术价值。

研究学术时少不了的智囊

此后周先生在工作的年代，需要研究许多学术问题，他总是向他身边的那部《不列颠百科全书》请教。他认为，百科全书几乎有问必答，答都符合要求。先生认为这样求知是一种精神享受。百科全书内容广泛，由于它的吸引，先生的眼界和胸怀也就非常宽阔，知识面相应地拓展得很广。

周先生在解放前从事经济工作，对金融特别熟悉，解放初期写过《新中国的金融问题》、《资本的原始积累》一类著作。由于他解放前业余研究文字学，建国后被调到政府的文字改革委员会任职，一直干到退休。他曾出版了20多种关于语文问题的著作，对汉语拼音化的改革贡献尤为巨大。21世纪以来，他开始评论社会科学问题，运用许多宝贵资料，把问题谈论得十分透彻，具有巨大的说服力，特别显现出先生知识的渊博和思想的解放。可以肯定，这是由于先生博览群书，其中主要的是他信赖的《不列颠百科全书》。

写作时善用资料

周先生近年写作过许多关于世界历史和地理的文章，他善于运用百科全书的资料。举例说，2000年12月24日他写作题为《文艺复兴和启蒙运动》的长篇文章。在讲文艺复兴部分，分别阐述了“希腊学术的复兴”，“民族文字的诞生和民族文学的勃兴”，“艺术的创新”，“宗教的改革”，“科技探索”，“地理大发现”等多方面的史实；讲启蒙运动时也分别列述先后在英国、法国、美国发生的史实。全文材料的使用简练和扼要，先生显然习惯地和熟练地参考了百科全书。

在此后不到一个月的2001年1月内，他又完成了一篇长文章，题为《分久必合，合久必分——二战后世界大国的“大分大合”》。他列述“英帝国的瓦解”，“苏联的瓦解”，“美国的扩张”，“法帝国的瓦解”，“欧盟的形成”和“印度的分裂”等章节，采用了说明这些大国发生演变的大量史实。可以说，只有熟悉百科全书并且善于运用的学者，才能在短时间完成这样大而精辟的文章。

由于周先生有百科全书那么一个知识伴侣，多年来他不断写作，经常在民盟中央的刊物《群言》上发表文章，几乎每年都出版文集。最近几年他出版的《百岁新稿》、《见闻随笔》、《学思集》、《21世纪的华语和华文》等文集，内容都十分丰富，论题十分广泛，对读者开拓知识，提高世界观的认识有非常大的帮助。我读过这些书，就好像在“没有围墙的大学”里听课一样。我曾把《见闻随笔》一书视为“百科选编”，足供随时参阅。

追赶狄德罗的成就

周先生所写《文艺复兴和启蒙运动》一文中，曾提到法国有位创办百科全书的杰出人物狄德罗，毕生为真理和正义奋斗，对法国的启蒙运动贡献巨大。周先生前些年也曾参与我国百科全书出版社的创建工作，他是《简明不列颠百科全书》联合编审委员会中方委员，《不列颠百科全书》国际中文版顾问委员会中方顾问。他近年还不断宣扬百科全书的功用，建议大学和中学都把百科全书当作首选藏书。他说过，我国要推进五四运动高瞻远瞩的德先生和赛先生的现代化进程，必须进行全面的知识更新，就要出版世界权威性的出版物，《不列颠百科全书》就是这类出版物的一种。他还说，这类书在我国出版，对青年一代的知识现代化和思维逻辑现代化有时代转换的启迪作用。

周先生自己受益于百科全书，成为一位博学多识的大学者，多年来为推动历史尽力传播有助于我国现代化的知识和观点。周先生的贡献使我不禁想起了狄德罗，先生不正是我国在追赶狄德罗那样成就的热心人吗？

（写于2001年10月23日）

（原载2002年3月《博览群书》）

■链接

文明古国的知识现代化

——祝贺《不列颠百科全书》国际中文版的发行①

周有光

全球化是人类历史的当前大趋势。全球化并非开始于信息化时代，而是开始于工业化时代。工业化时代的全球化助长了西方帝国主义，使东方的文明古国一个个沦为殖民地或半殖民地。信息化时代的全球化正在扩大富强和贫弱的差距，会不会给文明古国以及新兴国家带来更大的灾难呢？这不是不必要的顾虑。

一位权威经济学者说：把国家分为“有与没有”(have & have-not)，从“有”的国家把金钱接济“没有”

① 周有光是《简明不列颠百科全书》（中文版）“中美联合编审委员会”中方三编审之一；《不列颠百科全书》（国际中文版）“顾问委员会”中方三顾问之一。

的国家，这种做法已经证明没有长期效果。应当把国家分为“知与少知”（know & know-not），从“知”的国家把知识传给“少知”的国家，才能达到长期发展的目的。现代经济以“知识经济”为主导，发展知识才能真正发展经济。

中国的学术直至明朝中期还领先于世界。后来自我封闭，使中国落后于时代。大刀抵抗洋枪失败之后，义和团的气功神拳又遭惨败。满清王朝被迫提出“师夷长技以制夷”、“中学为体、西学为用”等半推半就的主张。晚近，“知识无用论”和“知识越多越反动论”又一时横行。一百年来，中国在要不要学习西方这个问题上，一直在不断摇摆。

改革开放，提出了“科技是第一生产力”，重新肯定了知识的重要性。科学技术和一切知识都是人类的共同创造。知识在东西方之间不断流动，古代西方学东方，近代东方学西方。落后要想变为先进，没有“第三条路”，只有老老实实地学习。反对帝国主义，同时反对帝国主义的知识，这是把知识“图腾化”了。

《不列颠百科全书》是人类知识的汇总和浓缩，它不仅包罗以科学和技术为主的西方知识，并且包罗东方和世界各地的传统知识。给它撰稿的四千多位专家学者，来自世界各国的权威学府，代表了全世界的学术精英。学术观点以客观和真实为依据，不附和一时的思潮起落，因此有长远的学术价值。

《不列颠百科全书》翻译成中文，1985 年出版《简明不列颠百科全书》中文版，1999 年出版《不列颠百科全书》国际中文版，这是我国“改革开放”在文化方面的重大实践，对青年一代的知识现代化和思维逻辑化有时代转换的启迪作用。

《不列颠百科全书》是我大半生的知识伴侣。我使用《不列颠百科全书》，开始于 1932 年进入圣约翰大学之后。老师指定的课外读物中规定要阅读《不列颠百科全书》的一些篇章，这使我第一次进入百科全书的知识宝库。阅读以后，茅塞顿开，我感觉其中的文章，叙述全面而扼要，从此我跟《不列颠百科全书》结下了不解之缘。

我的老师对我们说，建筑知识高楼必先建筑宽广的知识基础。建筑宽广的知识基础，需要自我教育，终身教育。查看百科全书，并进一步阅读其中介绍的著述，是建筑知识基础的一条捷径。百科全书是“没有围墙的大学”，谁都可以入学。

我的老师又对我们说：文科学生应当读些自然科学，理科学生应当读些人文科学。去年哈佛大学校长来华，在庆祝北大百年时候对北大学生说：大学的宗旨是，使科学家能够欣赏艺术，使艺术家能够理解科学。这都是培养完整人格的教育。在这种崇高的教育中，百科全书能发挥一定的辅助作用。

1920年代，中国和世界处于动荡之中。我和几位同学结成一个读报小组，常常谈论天下大事。报纸新闻过于简单，我们需要知道世界大事的背景，首先是去查看《不列颠百科全书》，每次都能得到我们所需要的资料。《不列颠百科全书》成了我们的读报伴侣。这种读报方式成为我终身的习惯。

改革开放，使我对许多学术问题，想要进一步了解不同的观点，了解问题的核心。这是信息化时代的求知要求。到那里去请教呢？我首先到《不列颠百科全书》去请教。几乎有问必答，答必中肯。这是一种精神的享受，使我放开眼界，拓宽胸怀。

当我想自学某一课题的时候，我也是首先去阅读《不列颠百科全书》上的有关篇章。常常一查即得，使我很快对这个课题能有初步的理解。我经常写文章，经常遇到不甚了解的问题。我苦于求教无门，只能信赖百科全书作为我的学术智囊。

解放初期，我从国外回来，身边带着一部《不列颠百科全书》。居室狭小，无处放书，也必须把百科全书放在身旁。“文化大革命”中，我被下放宁夏平罗“五七干校”，我的工资减少到一月只有30元，家中不得已把《不列颠百科全书》卖掉，补贴生活。等我从平罗归家，失去了我的知识伴侣！可是事有凑巧，不久我参加《简明不列颠百科全书》的中美联合编审委员会，又得到了新的《不列颠百科全书》。

我诚恳地建议，每一所大学、每一所中学，都应当置备一部《不列颠百科全书》国际中文版，这是学校图书馆的首选藏书。教师们时时查看百科全书，能够提高自身的学养，提高教学的质量。学生们学习查看百科全书，是自学求进的基本训练。你如果想做一个全球化时代的知识公民，你最好首先进入《不列颠百科全书》这所"没有围墙的大学"。

《简明》和《国际》两部中文版《不列颠百科全书》的编译工作，都是由徐慰曾先生具体主持的，他在长期受到不白之冤之后，一旦平反，毅然担任这个繁重而艰巨的工作，勤勤恳恳，数十年如一日，对出版和文化做出了有目共睹的贡献，这种奉献精神，难能可贵，使人肃然起敬。

（1999年1月29日写完）

（录自周著《21世纪的华语和华文》）

周有光和他的《百岁新稿》

《百岁新稿》是百岁老人周有光今年问世的新书，是他最近十年所写文稿的汇编。这些文稿的内容和形式比较杂，有关于文字学和文化的专论、时事评论、读书笔记、历史故事、序言、回忆录、人物传记、诗、应征的短文等，但都给读者以深刻的教育和启示。笔者过去在《群言》上就读过书中部分文章，这回通读了《百岁新稿》全书，得益更多，便决定写出这篇学习笔记，记下几点读后的重要体会：

老当益壮

据周老自己介绍，他原本从事经济工作，是个经济学专家，解放后应文字改革事业的需要，开始文字改革研究工作。但这些年，他开始从事较广泛的研究，视野大为开阔。1953年以来，他已经出版了自己的著作29本。《百岁新稿》是他出版的第30本。他在自己越接近一百岁的年份，写作的书越多。

周老在《百岁新稿》的《自序》里说过，“85岁那一年，我离开办公室，不再参加社会活动，回到家里，以看书、写文为消遣。”他的大部分文章正是他长生不老的产品。尽管他生理上已经进入耄耋之年，但是他在精神上开始了又一个青春时期，开始了一个写作的旺季。他在《自序》里说：“我从81岁开始，作为一岁从头算起。”他好像根本不注意年龄，只感到活一天多一天，把81岁当一岁在工作。再说他尽管年老难免有病，却依然写作不止。这是什么精神？这不是老当益壮、自强不息的精神吗！笔者也是老人，作为周老文章的读者，对他的忘年工作和非常勤奋，感动不已。

周老在《自序》的最后说过，“希望《百岁新稿》

不是我的最后一本书”。我作为读者，衷心祝愿周老健康，并且更加长寿，新作依然不断问世。

锐意求真

文字改革是项上个世纪开始的革新事业，对普及文化和为群众启蒙至关重要。这项改革取得过汉字简化和订立《汉语拼音方案》等巨大成就。（《汉语拼音方案》有助于中外文化交流，它的作用在信息化年代不断扩大。）在这些重大的成就中，周老都做过重要的贡献。但是文字改革事业被“文化大革命”中断了，此后推动这项工作的政府机构消失了，文字方面出现了许多倒退现象。热心改革的周老成了难鸣的孤掌。但是这些年来他还坚持研究文字发展的理论，写了不少文章。他发现了“文字跟着文化走”的规律，仍寄汉字现代化的希望于未来。《百岁新稿》收入了他上世纪90年代所写的文章。笔者相信，他的文章将会引导中国语文现代化的进展。

21世纪开始以来，周老写了更多关于社会发展的文章，显示出他更加关心文化和历史的发展背景。他在《百岁新稿》的自序里说明了这种转变。他说自己过去犯过“左”倾幼稚病，老了才开始知道温故而知新。他同当今不少“两头真”的老年知识分子一样，开始探索真理。

《百岁新稿》里不少有关社会发展的文章，都是周老反思的成果，都是他摆脱了教条主义束缚，研讨面向未来、面向世界、面向现代化理论的新见解。他确信“社会的发展规律需要重新研究”，“我们在市场经济时代，对马克思的学说也不能搞两个凡是。”（《新稿》第5页）

《百岁新稿》里许多文章具有强烈的现实意义，特别是那些国际问题的文章，例如《走进世界》、《美国社会的发展背景》、《苏联历史札记》、《漫说太平洋》等，都提供了许多深刻的历史教训。举例说，苏联失败的教训：一是禁锢思想，控制新闻；二是伪造历史，摧残科学。

在那些文章里，周老为读者提供了许多理念，不胜枚举。周老说过，人们的聪明是从反思中得来的。他所反映的新见解，也正是人们从中外历史的反思中得来的聪明，值得珍视。我将反复学习这些文章，加深领会。

诲人不倦

周老多年来写作的文稿曾陆续在刊物上发表，多数在号称“知识分子的群言堂”的《群言》上刊登。按他的说法，发表是为了“与同好们切磋”，实际上，他发表文章，同他在改革年代参与《中国大百科全书》的编辑工作一样，是在热心帮助读者扩大视野、补充知识，是在坚持为广大群众启蒙。

他在2001年时自称“20世纪的来客”，他要和21世纪的青年们作“世纪接轨”的谈话，要告诉他们一些“我所知道的20世纪的故事”。他指出，“20世纪人”有责任告诉“21世纪人”不要轻信神话，要牢记前车之鉴，后车之诫。“21世纪人”的座右铭是：了解过去，开创未

来，历史进退，匹夫有责。（《新稿》第206页）

周老在他阐述“与时俱进”的一篇文章中，尽力传布社会科学的基本原理。他告诉读者：21世纪是个全球化时代，不能墨守历史成规，要争取进步，就要按全球化时代的发展规律行事，那就是经济从工业化进步到信息化，政治从专制制度进步到民主制度，文化从知识禁锢进步到知识解放。（《新稿》第14页）

在他另一篇关于“地球村”的文章中说过“历史只有一条人类共同的现代化道路，没有捷径可以跨越，没有陈仓可以暗渡。现代化的道路是公开的、自由的、竞争的、艰难的国标公路。”（《新稿》第110页）

为了坚持启蒙的心愿，周老的文章都写得深入浅出，通俗易懂，按周老自己表明心愿的说法“文章尽量写得简明易懂，使专业知识通俗化，希望由此引起读者们的兴趣，开拓读者们的视野。”（《新稿》第202页）

周老有的文章很短，但很说明问题。2003年高考时有一位考生写了一篇古文，被评为第一，周老给《教育报》写了一篇超短文。我把它抄录下来，留作学者们诲人不倦的范例：

“现代人要说现代话，写现代文，开创现代文化。

文言的用处只是了解古文，不适合用于现代生活。

认为文言比白话优美，那是心理错觉。

目前有一股复古风。这是缺乏时代意识和自信心的表现。青年们不可误入歧途。

文言可以写，但是写文言不应当加分。

媒体炒作，不足怪。人咬狗是新闻嘛！

不要忘记，这是21世纪。”（《新稿》第171页）

（原载2005年9月《群言》）

链接

《百岁新稿》自序

周有光

这本书里收集我在100岁之前的10年间写的部分杂文，题名《百岁新稿》。

85岁那一年，我离开办公室，不再参加社会活动，回到家里，以看书、写杂文为消遣。我生于满清光绪三十二年（1906年），经历北洋政府时期、国民党政府时期。1949年后的新中国时期，友人戏称我四朝元老。这100年间，遇到许多大风大浪，最长的风浪是八年抗日战争和十年文化大革命，颠沛流离20年。

抗日战争时期，我在重庆，一个日本炸弹在我身边爆炸，旁边的人死了，我竟没有受伤．文化大革命时期，我被下放到宁夏平罗“五七干校”，跟着大家宣誓“永不回家”，可是林彪死后大家都回家了。

我一生中最大的幸运是无意中逃过了“反右运动”。1955年10月，我到北京参加全国文字改革会议，会后被留在文字改革委员会工作，放弃上海的经济学教学职业。过了几年之后我才知道，“反右运动”在上海以经济学界为重点。上海经济学研究所所长，一位著名的马克思主义经济学家，自杀了。我的最优秀的一位研究生自杀了。经济学教授不进监牢的是例外。20年后平反，一半死去了，一半衰老了。我由于改了行，不再算我过去的经济学旧账，逃过了一大劫难。“在劫不在数”！

常听老年人说：“我老了，活一天少一天了。”我的想法不同。我说：“老不老我不管，我是活一天多一天。”我从81岁开始，作为一岁，从头算起。我92岁的时候，一个小朋友送我贺年片，写着“祝贺12岁的老爷爷新春快乐！”

年轻时候，我健康不佳．生过肺结核，患过忧郁症。结婚时候，算命先生说我只能活到35岁。现在早已超过两个35岁了。算命先生算错了吗？算命先生没有算错，是医学进步改变了我的寿命。

2003 年冬天到 2004 年春天，我重病住院。我的 99 岁生日是在医院里过的。医院送我一个蛋糕，还有很大一盆花。人们听说这里有一个百岁老人，就到窗子外面来偷偷地看我这个老龄品种，我变成医院里的观赏动物。佛家说，和尚活到 99 岁死去，叫做“圆寂”，功德圆满了。我可功德圆满不了。病愈回家，再过斗室读书生活，消磨未尽的尘世余年。

老年读书，我主要读专业以外的有关文化和历史的书籍，想知道一点文化和历史的发展背景。首先想了解三个国家：中国，苏联和美国。了解自己的祖国最难，因为历代帝王歪曲历史，掩盖真相。考古不易，考今更难，苏联是新中国的原型，中国改革开放，略做修正，未脱窠臼。苏联解体以后，公开档案，俄罗斯人初步认识了过去，中国还所知极少。美国是当今惟一的超级大国，由于戴高乐主义反美，共产主义反美，伊斯兰教反美，美国的面貌变得模糊不清。了解真实的历史背景困难重重。可是旧纸堆里有时发现遗篇真本，字里行间往往使人恍然大悟。我把部分读书笔记改写成为短篇文章，自己备忘并与同好们切磋。

先知是自封的，预言是骗人的。如果事后不知道反思，那就是真正的愚蠢了。聪明是从反思中得来的。近来有些老年人说，他们年轻时候天真盲从，年老时候开始探索真理，这叫做两头真。两头真是过去一代知识分子的宝贵经历。

我家发生过一个笑话。著名漫画家丁聪，抗日战争时期常来我家。我们一家都很喜欢他，叫他小丁。我6岁的儿子十分崇拜他。一天，我在家中闲谈，说小丁有点“左倾幼稚病”。我儿子向他告密：“爸爸说你左倾幼稚病！”弄得小丁和我都很不好意思。多年以后，我的儿子到了70岁时候，对我说：“其实那时爸爸的左倾幼稚病不亚于小丁。”

老来回想过去，才明白什么叫做今是而昨非。老来读书，才体会到什么叫做温故而知新。学然后知不足，老然后觉无知。这就是老来读书的快乐。

学而不思则盲，思而不学则聋。我白内障换了晶体光明。我耳聋装上助听器，恢复了部分听觉。转暗为明，发聋振聩，只有科技能为老年人造福。

“朝闻道，夕死可矣”，这是最好的长生不老滋补品。

希望《百岁新稿》不是我的最后一本书。

（2004 年 9 月 1 日，时年 99 岁）

百龄学者周有光的治学经验

著名语言文字学者周有光，为我国的语言文字的改革和现代化，创立巨大功绩。2007年我国学术界为庆贺他百龄华诞出版了一本纪念文集《一生有光》，内容特多宣扬周老治学经验的评述。本文作者喜读全书，得益很多，决心一一汲取，认真学习。下面是我的读后笔记：

治学须有厚实基础

周有光1906年1月13日出生在常州一个文化家庭，幼年上的是新式小学，中学条件也较好，特别是老师学问较高，思想很新。他学习时的生活很有规律，取得较丰富的基础知识，尤其是英语，他在中学时学的外国历史、地理，还有物理、化学都用英文课本。

2005年4月周对一位了解他治学经验的学者说过，“外文是一个基础”；还说，“现在是双语时代。任何国家的知识分子，除了首先要掌握本国语言，还要掌握第二种语言，主要是指英语。英语实际上就是世界共同语。不掌握英语，离开中国就寸步难行”，“英语对于了解世界动态，掌握积累资料非常重要。……现在你做任何事情，甚至研究中国历史，不懂英语都不行”。

关于做学问，知识面要宽一些，他对复旦大学的一位女同志说，“其实做学问，选择事业，要学狡兔三窟，学问知识都是相通的。你一生中只有一门学问是不够的。”

有为社会作贡献的意愿

做学问，要有个基本思想，创新和弘扬。周老指出，弘扬有三点要求：提高水平，适应现代，扩大传播。

他多次对他从事自然科学研究的外甥说：“搞自然科

学是没有国界的，要着眼于整个地球，为人类社会的长远发展做贡献，要做一个有价值的地球人。”还说：“一个人无论到什么地方，只要能够更好地发挥潜力，为整个人类社会的发展作出贡献就好。”

周老自己在 1954 年以前研究的是经济学，是金融，已经很有成就，只在业余研究文字改革。1954 年，由于国家推进文字改革工作的需要，他开始了文字改革的新的研究，从此一往无前，直到今天。他的一份朴素的热情是“哪里需要就到哪里去”。

他确认我国语文现代化具有历史的必然性，是国家文化发展的正确方向。他说过，“‘文明古国’要想成为‘文明今国’不能不进行现代化的改造。‘现代化’必须以‘教育现代化’为基础，必须做好‘语文现代化’的准备。”半个世纪以来，他孜孜不倦地从事语文研究，就为着中国这个古国的现代化。

周老公开说过，他的座右铭是“了解过去，开创未来，历史进退，匹夫有责”。

坚定的毅力和远大的眼光

学者需要有坚持自学的毅力。周老认为，“做任何学问，都应当以自学为主。因为在学校读书的年限少，离校以后的时间很长”，“自学是治学的重要内容，差不多所有治学有成的学问家都要自学”。

现在周老自己已经一百多岁，还兢兢业业，学个不停，坚持终身学习；他被认为“年高而笃志，具有老而弥坚的探索精神”。

周老的同事们认为，治学需要有追求真理的真诚。据他们说，“文字改革同其他的改革一样，起起伏伏，左左右右，有变化莫测的风云，但是，周老没有随着潮流转，跟着权势东倒西歪，他怀着尊敬的自信不停顿地学习，工作和思考，攀登着智慧的峰巅。”周老坚持着冷静的观察，品评着是非，与时俱进。

周老治学有历史的眼光。他认为向前看的观点，也要用来对待古代的事物，他主张“存古不是复古，存古是为了现代”。“要整理古代的东西，还要创造现代的，新的东西。我们重视古代，是要把真理继承下来，把错误改掉；发现古人所没有发现的东西，创造超越古人的新文化。”

周老还认为治学须具有世界眼光。他说过：“你搞任何文化工作，都离不开世界。现在是全球化时代，全球化时代要求跟世界挂钩。”他对访问他的学者说过：“整个世界在前进。特别是20世纪后几年进步快得不得了，21世纪的这几年进步就更快。你不了解外国，你就跟不上。”

周老早就认为汉字的拼音必须用拉丁字母，因为拉丁字母是世界最通用的字母，是国际文化交流的共同工具。他的主张具有巨大的说服力，曾说服了最有权决策的人。现在由于汉字的拉丁化，大大方便了它的信息处理和信息的国际交流。

扩大知识面和集中精力

尽管周老已经学有专长，他还不停地学习，博览群书，扩大知识面。他保持着早年上大学时期的习惯，天天阅读报刊，关注新问题。有不懂的事物和名称，就查工具书。他偏爱的工具书是百科全书。由于他的终身学习和积累，他的知识非常渊博，他获得了一个外号“周百科”。在他成为文字改革专家之后的上世纪80年代，国家成立百科全书出版社，编印第一部中国大百科全书的时候，他被聘担任主编之一。

这回《一生有光》纪念文集的不少作者，称赞周老为大学者，视野开阔，掌握着人类文明演进的知识，见解具有前瞻性，都和他的知识渊博有关。周老被称为大家治学的典范。

再说，治学需要集中精力，少管无关紧要的小事。周有光曾告诫他的孙子，做事要讲效果，要把时间和心思都放在做学问上。

他的一位亲属反映，周老非常珍惜时间，在文革期间，周老被下放到五七干校“劳动改造”时，校方不允许带书，他就带了许多本译成多种外文的《毛主席语录》，空闲时就利用它们进行比较文字的研究。他还利用

106岁的周有光老人依然坚持每天学习

那本《新华字典》作过字形分析研究，都取得了难得的成果。

专家们概括的评介

一位社科院的领导赞扬周有光老人治学严谨，坚持实事求是的精神，他说："一个人要真正做到实事求是是很不容易的，这需要对实际有全面深刻的了解，需要正确的世界观和辨证的思想方法，有时候还需要宽阔的政治胸怀和无私无畏的勇气。周先生就是这样的学者。”

国家语委的一位咨询委员用一句话赞扬周老的先进品格：“正由于他有广博深厚的知识基础，又有认真思考和活到老学到老的精神，观察问题时具有独到的世界眼光，所以铸就了‘新潮老头’的形象。”

语委的一位原领导也说得很扼要：要学习周老对学术孜孜不倦的追求精神，学习他热爱华夏文化的精神；我们不仅要学习他多方面的学术著作，更要学习他崇尚科学，严谨治学，淡泊名利，甘于奉献的崇尚品格。

我可能把周老治学的主要经验都摘记下来了，重要的问题是仿效的实践了。

（2008 年 4 月 8 日）

汉字写作电子化

——周有光老师传授电子打字机技术

耄耋学者周有光主要通过写作文章和出版文集，从事启蒙工作，传布先进思想。他晚年由于运用一种电子打字机，他的汉字写作效率特高，更由于他勤于创作，他成为当今我国罕有的多产作者，新稿和新书不断问世，启蒙贡献特大。

周老还乐于传布他使用的电子打字技术。早在上世纪八十年代，我和名记者刘尊棋同志和周老一起在大百科全书出版社工作时的一天，周老邀尊棋同志到他住处参观他使用电子打字机，我也有幸跟着去周老的家。

周老的书房不大，他的书桌更小。他的电子打字机同一般英文打字机大小相仿，占了书桌的一大半。电子打字机同各种家用电器一样，需要接上电源，才能产生功能。周老就像使用英文打字机一样操作，电子打字机上部的一个小小的荧屏上就显示出他需要显示的汉字。

周老向我们解释：这种电子打字机是日本一家企业发明创造的，打字机能打日文字母，由于周老应邀为他们设计了显示汉字拉丁化的数码，拉丁字母的电子打字机也就能从事汉字写作。也就因此，这家日本企业赠送给周老一架这种打字机。

周老继续很熟练地打着打着。荧屏上显示出一段中文。此刻我已经记得不大清楚，文字的大意是："这种打字机让我们写作电子化，我们的文字工作将从此现代化，我们汉字拉丁化的功效在写作电子化中充分表现出来了。……"

周老还向我们讲解，电子打字机还有多种功能：字体可以改换，文字可以修改，可以保存，可以打印。他一面说，一面操作，让打字机的各种功能都显示出来。当时尊棋周志和我都感到奇妙，感到羡慕。

当时我就问："这种打字机在北京有卖的吗?"周老说："好像科学院的一个单位有货。售价 8000 元左右。"

这以后，我就设法凑钱，准备购买电子打字机。大概是 1991 年，我从新华出版社收到出版《胡愈之传》的稿费，终于买了一台周老使用的那种电子打字机，型号是 SHARP WL100C，总共花了 6000 元。后来听说，另处还有更便宜的货。

当年我下决心购买电子打字机，还因为我当时也已经到了望八的年龄，脑动脉有点硬化，手写的字越来越不端正，我还偏爱写不规范的简笔字，因此我写的中文稿，报刊编辑部的同志有意见，排字车间更不满意。原来我编的一本文集几十万字，曾经被出版社编辑部退回，要我重抄，我的老伴和儿子们都帮我抄写为我受了累。另外我又有意写另一本传记，老伴和儿子都支持我实现写作电子化。

从 1994 年开始，我写文章就不再用笔了。有时写信、记笔记也都机械化了。我和周有光老师通信，表示种种感谢，都用电子打字机写的。我还利用打字机保留了一些信稿。

此后，我一直在利用电子打字机写作，心满意足，可是我还始终想到，写作需要有价值的的内容，我得认真向周老学习，尽力坚持终身学习，多多增长科学知识：作为记者写作，不断向坚持启蒙的学者靠拢才好。

（1998年6月19日，时年82岁）

了解世界发展规律

走进世界和追赶现代

——周有光赞同胡愈之的社会发展理念

从年轻的时候说起

耄耋学者周有光早在年青的时候，就爱读文化巨人胡愈之的文章；他读过《莫斯科印象记》，读过《世界知识》，还有胡在《生活》周刊上发表的许多时事评论，因此接受过胡愈之传播的许多新的思想。他一直到了晚年，还在1996年所写纪念胡老的文章中说过，胡老的《莫斯科印象记》的影响之大无与伦比，它“在许多新思想读物中独放异彩，使一代青年产生强烈的心向往之的情绪”。他的文章的题目是《一代青年的引路人》。

解放前，有光同志从事经济工作，解放后却由于业余研究文字问题，在胡愈之主持政府的文字改革委员会时，改行成为胡老的同事。当时有光同志还说自己对语文工作是外行，但是胡老说，文字改革是全新的工作，谁都是外行。受胡老勇于学习精神的影响，有光同志终于积极参与文字改革工作。多年后，他自己也终于成了语文问题研究的专家。

可是，到了那个所谓“文化大革命”实际上是文化大破坏的时期，文字改革的工作完全停顿，有光同志和其他从事文字改革的同事一概下放，他本人被放在宁夏农村劳动。到“文革”之后，胡愈老曾大声呼吁继续开展文字改革，可是，这项改革还是被搁置起来了。不久，倒起来一种反对的声浪，文字改革的机构也改掉了。1986年胡愈老去世之后，公开发表文章鼓吹文字改革的人就太少太少了。

胡老的历史发展观点

1979年胡愈之曾在一次发言中宣告：“在西方，冲破中世纪的黑暗时代，首先是从文字改革开始的，这就是打破教会僧院所垄断的旧文字，创造和群众口头语相结合的民族新文字。这才产生了启蒙运动，产生了资本主义的产业革命。在中国，不可能有例外。”有光同志确信，胡老这个历史发展的观点，是胡老的一个创新的见解；在中国，文字改革不可少。有光同志为此依然坚持着语文问题的研究，在他退休之后，还出版了许多关于语文问题的著作。

这些年，有光同志确信以往的文字改革工作成就十分巨大，因为简化的汉字已经在全国通用，教科书、报纸和杂志普遍采用了简化字，学生和广大群众都受益。汉字的拉丁拼音方案不仅被确认为国内标准，还已经被确认为国际标准，汉字的拼音形式通用于电脑，还被外国人用来学习中文，它已成为中外文化交流的重要媒介。

此后，有光同志显然赞同胡愈老关于历史发展的观点，他在20世纪最后十年间，开始了社会发展问题的研究，开始了胡愈之那样的评论工作；他向青年人传播一些自己的感悟。他在2001年9月9日写的文章中说过："我的思想是入世，走进世界，追赶现代。"他发挥了胡愈老早在1934年为《世界知识》所写发刊词所提出的观点"中国是世界的中国"，他希望青年们要扩大视野，要把本国观点改为世界观点，从本国看本国要改为从世界看本国，从本国看世界要改为从世界看世界。他还希望青年们补充常识。"常识就是自然科学和社会科学的基本知识，也就是五四运动所要求的科学和民主。"

同心同德同企盼

胡愈老也就在那篇《世界知识》的发刊词里说过："怎样走上世界的光明大道去，这需要勇气，需要毅力，但尤其需要认识。"胡老一直坚信英国学者培根的名言："知识就是力量。"周有光同样有这个信念。多年来，他参与我国百科全书的出版工作，还尽力鼓吹百科全书的功用："百科全书可以帮助我们站得高，看得远，认识本国，认识世界，扩大知识领域，扩大思维视野，从两千年专制封建的传统束缚中解脱出来。我们要做现代文化的主人，不要长期做现代文化的客人。”

有光同志在21世纪的几年来，好像参与了胡愈老早年创办的《世界知识》的编辑部的工作，发表了许多普及国际知识的评论，例如《什么叫做全球化》《什么叫做现代化》《文艺复兴和启蒙运动》《漫谈西化》《漫说太平洋》《美国社会发展背景》《苏联历史扎记》《后资本主义的曙光》，等等。

在上述这些文章中他多次告诉读者，社会发展是有规律的，他最简练的一段话是这么说的：“在经济方面，从农业化到工业化到信息化，从依赖自然到改进自然。在政治方面，从神权到君权到民权，从专制制度到民主制度。在思维方面，从神学思维到玄学思维到科学思维，从迷信盲从到独立思考。”他还说，“历史只有一条人类共同的现代化道路，没有捷径可以跨越，没有陈仓可以暗渡。现代化的道路是公开的，自由的，竞争的，艰难的国际公路”。

有光同志这些话同胡愈老说过的那段话一样，都在表述社会发展规律，那是哪个国家也不可能跨越的。两位前辈都殷切希望，年轻的朋友一定不要忽视，不再轻信那些违反历史发展规律的空话和假话。

总而言之，周有光同志十分赞同胡愈之的社会发展理念；他们俩在文化工作方面的实践那样同心同德，怀有那样强的责任心，令人由衷地敬佩和感激。

（2007 年 8 月 8 日）

■**链接**

一代青年的引路人

周有光

今年（1996）是胡愈老诞辰100周年。在20世纪的20年代，中国的青年们面对国家危亡而心情愤激。可是，中国往何处去？青年们在思想上找不到出路，万分苦闷。愈老是引导当时青年们走出思想苦闷的一位影响极大的人物之一。我是当时受到愈老启发的青年之一。

那时候，愈老在《东方杂志》、《世界知识》等刊物上发表一系列关于世界时事评论的文章，使当时的青年们知道了中国和世界的关系。他高瞻远瞩，从世界看中国，不是从中国看中国，指出中国在当时世界中的地位和中国问题的关键所在。青年们原来也知道一些世界情况，但是知识是零碎的，认识是模糊的，不能联系实际看到大局的动向。愈老的文章有如一服清醒剂，唤醒了青年们，把他们的零碎知识联系起来，成为观察世界形势的综合理解。青年们从此恍然大悟，初次看到了自己的立脚点和奋斗的道路。

30年代初期，我和同辈青年们读到了愈老的《莫斯科印象记》。这是一本薄薄的小册子，可是它的影响之大，无与伦比。读过这本小册子的青年们都受到了电一般的感染，在可望而不可及的社会主义理想中，看到了具体的现实。当时作为社会主义革命中心的莫斯科，在愈老的笔下，放射出了希望的曙光。这本小册子在许多新思想读物中独放异彩，使一代青年产生强烈的心向往之的情绪。

当时，许多青年自学“世界语”（“爱斯不难读”）。我也是热心自学的一个。世界语原来是和平主义的语言技能。读了愈老的《莫斯科印象记》才知道，它还是革命的武器。当时苏联提倡世界语，愈老就是利用世界语在莫斯科进行活动的。许多人自学世界语，是受了愈老

《莫斯科印象记》的影响。后来，苏联放弃了世界语，可是愈老在“文化大革命”之后仍旧提倡世界语。愈老认为，世界语作为一种国际辅助语，有多方面的作用，不因为英语的流行而失去意义。

1935年，上海文化界自动推行“手头字”。发起人中有蔡元培、郭沫若、陶行知、巴金、老舍、叶籁士、愈老等200多人，而愈老是积极分子。“缘起”说：“我们日常有许多便当的字，手头上大家都这么写，可是书本上并不这么印，识一个字须得认两种以上的形体，何等不便。”当时有《论语》、《太白》、《世界知识》、《译文》等十多种刊物自动使用300个“手头字”。这些刊物，有的是愈老所主持，有的是愈老所赞助。

愈老曾经提倡“写别字”，有人批评他走极端。其实，“写别字”对初学文字的人来说，是不可避免的；初学文字的人实际是依靠“写别字”才能写信、写条子的。“写别字”就是“同音假借”。“同音假借”的结果是产生“音节文字”。日本的“假名”就是这样产生的，它使日文青出于蓝。20年代，山西和陕西某些钱庄，在总店和分店之间的通信中，用“同音假借”书写本地土话，成为保密的通信方法，自己人一看便知，外地人难于看懂。这是“同音假借”的一种实际应用。80年代张毕来设计一套“直音汉字”，这就是同音假借的“音节汉字”，对统一“直音”用字和统一音译外国人名地名有实际作用。

在“五四”白话文运动之后，愈老等在30年代又提倡“大众语”运动。“大众语”运动，在消极方面是反对当时的“文言复兴”，在积极方面是提高白话文的水平。当时有一批国粹主义者再次提倡“尊孔读经”，这引起新文化运动者的反击。同时，白话文本身出现了不健康现象，变成半文半白的“语录体”或者“新文言”，不符合文体口语化的要求，违背了文学革命的宗旨。什么是“大众语”呢？陈望道说，大众语是“大众说得出、听得懂、写得顺手、看得明白”的书面语；愈老说，大众语是“代表大众意识的语言”。前者说明大众语的正确形式，后者说明大众语的正确内容。“大众语”运动把五四白话文运动推向新高潮。

1955年成立中国文字改革委员会，愈老担任副主任，领导具体工作。作为1955年举行全国文字改革会议的前奏，愈老开始大规模试行“汉字横排”，便利在汉字中书写阿拉伯数字和数学公式。在《光明日报》试行成功以后，第二年推广到全国的报纸、杂志、教科书和一般书籍。愈老在《光明日报》上写社论说：“习惯是可以改变的。”这句话是多么重要！五四以来提倡的汉字横排，到此基本实现。

1956年公布的《汉字简化方案）是在愈老的具体领导下进行的。这个方案简化了515个汉字和54个偏旁。愈老对这些简化字和偏旁一个个作了仔细的推敲。1964年类推成为“简化字总表”，使1/3的通用汉字得到简化。愈老认为，汉字简化是汉字的前进运动，是大众的需要，尤其是小学生的需要。作为现代汉字的法定规范，

40 年来已经在 12 亿人民中广泛通用，并由联合国正式采用。它使汉字向便学便用前进了一小步。

在 1958 年公布《汉语拼音方案》之前，拼音究竟作为辅助工具还是作为辅助文字，在政策上还没有确定。方案公布时候才确定是辅助工具而不是辅助文字。愈老对拼音的作用有全面的和长远的看法。他认为，拼音对中国的现代化有深远的作用，是当时三项文改工作（简化、推普、拼音）中的主要工作。在拼音草案发表之后，愈老叫我负责编辑《汉语拼音词汇》，不仅作为拼写“字”的规范，更重要的是作为拼写“词”的规范。愈老请当时在上海养病的有名学者傅东华用通信方法帮我收集词条。这是愈老重视处于困境的傅东华的才华，同时重视《汉语拼音词汇》的意义。这件事成为“文化大革命”中批判愈老的一个题目，但是我认为愈老这样做符合中国传统道德，有利于发展文化，是正确的，值得钦佩。

在十年浩劫的“文化大革命”之后，愈老给 1979 年高等院校文改教材协作会议送去书面发言。他说：“在西方，冲破中世纪的黑暗时代，首先是从文字改革开始的，这就是打破教会僧院所垄断的旧文字，创造和群众口头语相结合的民族新文字。这才产生了启蒙运动，产生了资本主义的产业革命。在中国，不可能有例外。”这句话有深刻的含意。它指出了语文发展跟社会发展的关系。这个历史发展的观点，是愈老许多创造性的重要见解之一，值得历史学者和语文学者加以研究。

愈老的崇高学问几乎全部是自学得来。他的自学能力之强，悟性之高，透视之深，使人惊异，是青年们的楷模！1955 年全国文改会议之后，文改会要把我从上海调来，我说我对语言学是外行，调来改行不适合。愈老说：这是全新的工作，大家都是外行。我于是服从调遣，终于改行。愈老常常在晚上来我家讨论文改问题和文化问题。我能在愈老的领导下工作，得到他的思想启发和人格感染，是莫大的幸运。

（录自中国友谊出版公司《胡愈之印象记》〈增补本〉）

文艺复兴和启蒙运动

周有光

一、了解过去、开创未来

人类历史从封建主义到资本主义，中间经过一个漫长的转变过程。转变过程分为两个阶段，前一阶段称为文艺复兴，后一阶段称为启蒙运动。文艺复兴开始于14世纪西欧经济和文化中心的意大利，启蒙运动开始于17世纪西欧经济和政治发展较快的英国，后来传播开来成为欧洲和整个世界的历史前进运动。

文艺复兴导致思想解放，启蒙运动导致社会改革，西欧发生根本性的变化：从迷信到理智，从奴役到自由，从特权到平等，从幻想到科学。今天世界上最发达的西方七国（英美加法德意日）都是在这个历史前进运动中先后成长起来的。

1917年俄罗斯掀起伟大的十月革命，建立苏维埃社会主义共和国联盟（苏联），根据马克思主义的理想，创造没有阶级剥削的共产主义社会。苏联贬低文艺复兴和启蒙运动的历史意义，认为这不过是发展资本主义的需要，而资本主义已经到了没落的、腐朽的、垂死的时期，即将被全新的社会主义所代替。1991 年苏联瓦解，理想没有实现。

历史学家于是重新研究历史，认为文艺复兴和启蒙运动的历史作用没有结束，而是在继续前进，在民主和发达的国家需要进一步解放和改革，在封建和发展中的国家需要补上这一历史课。社会发展不可能不打基础而先造高楼。在今天世纪之交，了解过去、开创未来，历史进退、匹夫有责。理解文艺复兴和启蒙运动的历史意义，是知识青年的时代需要。

二、文艺复兴

文艺复兴（renaissance，原义“再生”）是西欧 14—16 世纪开始于意大利的文学和艺术的创新运动，逐渐传播到法国、英国和其他国家。内容从文艺创新扩大到宗教改革、科技探索、地理大发现。主导思想是反抗宗教神学和封建专制，提倡尊重人格尊严的人文主义。人文主义反对神权和神性，宣扬人权和人性；反对蒙昧和神秘，发展理性和科学；反对来世和禁欲，重视现世和幸福；反对封建等级特权，提倡自由平等友爱。

1. 希腊学术的复兴

中世纪的西欧不学习希腊文，古希腊的学术已经遗忘。后来住在西班牙和西西里岛懂得阿拉伯文的犹太人，把希腊的学术著作从阿拉伯文译本转译成为拉丁文。1260年有亚里士多德的著作译本，不久又有欧几里得、加伦、托勒密等的著作译本。但是一直没有柏拉图的著作译本，因为阿拉伯文中也没有。

13世纪中期，通晓希腊文的英国学者格罗西特斯特(1168—1253)，把亚里士多德的《伦理学》译成拉丁文，并介绍了其他古希腊的哲学和科学著作。1423年，一位从君士坦丁堡回到意大利的旅行家带来238册手抄本，其中有柏拉图以及古希腊戏剧家和历史学家的著作。1453年，信奉伊斯兰教的奥斯曼帝国占领君士坦丁堡，东罗马的学者们纷纷逃往意大利，带去西欧失传已久的古希腊典籍。希腊学术在意大利开始复兴，首先在文艺方面出现活跃景象。

希腊学术复兴的主要收获是，思维方法从迷信教条变为按照逻辑进行独立思考。

2. 民族文字的诞生和民族文学的勃兴

创造民族文字是唤醒民族文化的前提条件。在长千年的中世纪，西欧各民族学习跟本民族语言完全不同的拉丁文而没有自己的民族文字。到9世纪加洛林时期开始了民族文字的最初萌芽，直到文艺复兴时期民族文字才成熟起来。他们在拉丁文之外，采用本民族的主要方言作为民族共同语的基础，用拉丁字母写成本民族的文字，主要有罗曼语族的意大利文、法文、西班牙文，日耳曼语族的英文、德文等。

民族文学的勃兴开始于意大利。但丁（1265—1321）

是意大利民族文字和民族文学的开创人。他的《神曲》（“神的喜剧”）以寓言方式叙说自己被逐出故乡佛罗伦萨，经历地狱、炼狱和天堂的磨难，借宗教神话控诉天国的荒唐。彼特拉克（1304—1374）著《我的秘密》，提倡人文主义，颂扬现世生活。他说：“我是凡人，只求凡人的幸福。”薄伽丘（1313—1375）著《十日谈》，讽刺教会贵族，赞扬市民群众；反对压制情欲，揭露不结婚的传教士们的七情颠倒。

英国的乔叟（1340—1400）著《坎特伯雷故事集》，描绘14世纪英国社会生活，是英国最早的人文主义作品。莫尔（1478—1535）著《乌托邦》，虚构一个岛屿上的理想社会，居民未受基督教启示而能把社会治理得井井有条，反照现实社会的不合理。他拒绝承认亨利八世为英格兰教会首领，1535年被处死刑。莎士比亚（1564—1616）创作喜剧、悲剧、历史剧等多种不朽作品，谴责封建暴政，提倡婚姻自由。

法国的蒙田（1533—1592）著《随笔录》，强调自由思考，反对禁欲主义。拉伯雷（1494—1553）著《巨人传》，提倡人性教育，批斥封建思想。他说："请你们畅饮知识，畅饮真理，畅饮爱情。"

西班牙的塞万提斯（1547—1616）著《堂吉诃德》（"奇情异想的绅士堂吉诃德"），描写一个绅士，学习剑客，出马游侠，成为可笑而又可怜的悲剧英雄。故事滑稽而荒唐，讽刺当时社会的不合理现象，使读者笑出眼泪，在眼泪中领悟人生。

民族文字诞生的主要收获是以活的白话文代替死的拉丁文；民族文学勃兴的主要收获是文学摆脱教会和教条的束缚。

3. 艺术的创新

意大利的乔托（1276—1337）跟但丁齐名，都是文艺复兴的开创人。他的壁画人物，呈现空间效果，有鲜明的立体感，成为后世的艺术楷模。达·芬奇（1452—1519）的肖像画《蒙娜·丽莎》表现女性的内心活动，被誉为世界美术杰作之冠。他的壁画《最后的晚餐》描绘典型人物的不同性格，成为文艺复兴时期的绘画典范。米开朗琪罗（1475—1564）在建筑、雕刻、绘画、诗歌等方面都留下不朽杰作。他在罗马梵蒂冈西斯廷礼拜堂时巨幅屋顶壁画，被称为世界最宏伟的艺术作品。他也是伟大的雕刻家，他说："雕刻家可以像上帝一样再现人体形象，但是只有有灵感、有创见的天才才能赋予雕刻的人物形象以生命感。"看到罗马雕刻家把坚硬的大理石雕成肌肤柔软的裸体女像，人人都说，叹观止矣！

艺术创新的主要收获是，只用手不用脑的艺术，变为既用手又用脑的艺术。

4. 宗教改革

基督教宣称，人人有罪，婴儿出生就有原罪，必须向上帝做出奉献，祈求赎罪，否则死后不得进入天堂，还要到炼狱去受罪。罗马教皇出卖赎罪券，从西欧各国搜刮钱财。1517 年，德国的马丁·路德（1483— 1546）发表《95 条论纲》，揭露教皇出卖赎罪券的荒谬，认为教徒自己阅读《圣经》，能直接与上帝相通，无须教会作中介，不承认教会对《圣经》解释有垄断权。1536 年，法国的加尔文（1509—1564）发表《基督教原理》，认为人们得救与否全由上帝决定，教会无权过问。1534 年，英国国王亨利八世（1491—1547）宣布脱离罗马教廷，自立英国圣公会，北欧各国相继效法。基督教于是分成三部分：罗马天主教、东正教（希腊正教）、新教。

宗教改革不是否定宗教，而是反对罗马教廷的专横和腐败。宗教改革的主要收获是，信教自由，信教不妨碍科技探索。

5. 科技探索

哥白尼（1473—1543）在 1530 年完成《天体运行论》，违反《圣经》所说耶和华命令太阳静止不动。后世把这一发现称为“哥白尼革命”。布鲁诺（1548—1600）研究日心说，提出无限宇宙论，1600 年被教皇判为异端，在罗马广场上被烧死。开普勒（1571—1630）提出地球和其他行星沿椭圆形轨道绕太阳旋转，太阳和行星之间的引力使行星沿其轨道运转，预示了万有引力原理。伽利略（1564—1642）为日心说辩护，用自制的放大30倍的望远镜，发现木星的卫星，土星的光环，太阳的黑子；1616年，罗马异端裁判所指斥他的日心说“愚蠢、荒谬”，逼迫他公开认错，判他终身监禁。他喃喃自语：“不论发生了什么事，地球仍在旋转。”

塞维图斯（1511—1553）发现血液的肺循环。维萨里（1514—1564）发表《人体结构论》，开创解剖学和生理学。

15世纪中叶，西欧改进了大炮，炮兵成为重要的作战兵种。1500年后，火枪改成滑膛枪，结束了骑士和长矛的时代。

科技探索的主要收获是开辟了通向科学和技术的发展道路。

6. 地理大发现

中世纪时候，地中海经红海通往印度洋的航路，被土耳其人和阿拉伯人控制，地中海区域的中介贸易被切断，引起西欧经济恐慌。西欧急于找寻不经过地中海而直接通往东方的航路。

文艺复兴时期，造船术的进步，地理知识的积累，地圆说的传播，加上发明了钟表，改进了罗盘针，造出了多帆的航海大船，使远洋航海成为可能。

1488 年迪亚士（约 1450—1500）到达非洲南端好望角。1498 年达·伽马（1460—1521）经好望角到达印度。1492 年哥伦布（1451—1506）到达美洲。1519—1522 年，麦哲伦（1480—1521）和他的伙伴环航地球。1642—1643 年，塔斯曼（1603—1659）到达澳大利亚和新西兰。

地理大发现的主要收获是改变了宇宙观，天人合一变为天人无关。

三、启蒙运动

启蒙运动（enlightenment，原义“发光”）是 17—18 世纪西欧在文艺复兴之后又一次推进民主和科学的思想解放和社会改革运动，开创于英国，蓬勃于法国，实践于美国，扩大到整个世界。康德（1724—1804）在他的

《什么是启蒙》（1787）中说：“启蒙就是使人们脱离未成熟状态。”

启蒙运动不是简单地继续文艺复兴，而是发展和提高了文艺复兴。这时候，西欧和整个世界对民主和科学的认识提高了，理论变为行动，改良变为革命。社会结构开始改革，阶级关系、政治权力和政府组织都发生了前所未有的变化。

关于宗教神学，文艺复兴只求去除教廷的贪婪腐败和教仪的繁缛虚伪，摆脱精神枷锁，争取信教自由；宗教改革没有触及宗教的基本原理和教会的存在价值。启蒙运动开门见山，怀疑人格神的存在，提出自然神论、乃至无神论，动摇了宗教和教会的根本。

关于封建专制，文艺复兴只想减轻帝王的横征暴敛，给人民以喘息的空间，甚至希望加强君权，约束地方割据，借以保护市民的经济活动。启蒙运动不再卑躬屈膝，而是直截了当进行夺权斗争，矛头指向封建制度；启蒙学者提出了建设民主制度的理论和实施方案。

1. 启蒙运动在英国

启蒙运动时期，英国是西欧经济发展最快、社会改革最早的国家。英国的社会改革，不是先有理论，后有革命，而是先有革命，后有理论。英国是孤悬海外的岛屿国家，封建势力比欧洲大陆薄弱。君主被迫把权力一步一步交出来，最后只保留礼仪性的权力。形式是君主立宪，实质是虚君民主。

a. 英国的启蒙思想

地理的发现，经济的上升，神权的破灭，王权的削弱，人民群众的思想活跃起来了。人人都发生一些跟过去大不相同的想法。出现了一群先进的知识分子，代表群众的要求和思想，把时代思潮组织成系统的启蒙理论。

弗·培根（1561—1626），现代实验科学的始祖，认为自然界是物质的，物质与运动不可分离。“知识就是力量。”一切知识来源于感觉，掌握知识的目的是认识自然，以便征服自然。科学是运用归纳、分析、比较、观察和实验的理性方法来整理感觉的材料。他对归纳法作了系统的论述。反对教条和权威，因为它阻碍人们获得真正的知识。

霍布斯（1588—1679），主张用力学和数学说明一切现象，建立机械唯物主义。哲学的目的是认识自然、征服自然、造福人民。开创功利学派和利己主义心理学。国家起源于人民通过契约把权力交给政府，换来政府对人民幸福的保障。反对君权神授，抨击教会凌驾于国家之上。

洛克（1632—1704），继承和发展培根和霍布斯的学说。建立唯物主义经验论和知识起源于感觉的学说。反对天赋观念论，认为心灵本是一张白纸，后天获得的经验是认识的源泉。反对君权神授说，拥护君主立宪。提出政府分权学说，主张立法机关应当是一个经选举产生的机构，而执行机关则是单个人或君主，立法权与行政权必须分立（两权分立）。政府是人民对统治者的一种信任，统治者的权力是有条件的而非绝对的，人民是最终的主权归属；如果政府失去人民的信任，人民有权撤回他们的支持，推翻这个政府。人民最初享有自然自由，后来订立契约进入社会，享有社会自由，社会自由须受法律约束。法律的目的不是废除或限制自由，而是保护和扩大自由，那里没有法律，那里就没有自由。

牛顿（1643—1727），建立经典物理学，发现万有引力定律。创制反射望远镜，考察行星运动规律，解释潮汐现象，预言地球非正球体，说明岁差现象。采取观察、实验和推理方法，用精确的机械观点解释整个自然界，使上帝失去指引星辰的能力，不再能命令太阳静止不动。

b. 英国的社会改革

在启蒙运动期间，英国的社会结构发生了重大的变化，涉及阶级、政治和政府各个方面。英国的宪法内容是逐步积累起来的，没有写成综合文件，称为不成文宪法。

1215年《大宪章》（“英国人民自由大宪章”）。这是英王被迫签订保障贵族和平民的权利的文件，人类历史上绝对皇权受到限制的开始，成为欧洲许多国家反对专制的战斗旗帜。共有63条款，包括：保障教会、贵族、骑士的各种权利；保障城镇、贸易和商人的各种权利；关于法律和司法改革的许多条款；关于限制皇家官吏行动的条款；规定国王必须遵守宪章，未经合法裁判，对任何人不得施行逮捕、监禁、没收财产、放逐出境。在当时，这是破天荒的革命。后来英国的“权利请愿书”（1628）直接来源于大宪章；美国的“联邦宪法”含有大宪章的思想、袭用了大宪章的词句。今天，大宪章仍旧是英国宪法的基本组成部分。

1640年“英国革命”。历史学家把1640这一年作为世界近代史的开始，因为它开辟了一个民主化的新时代。这次革命又称“英国内战”或“清教徒革命”。清教徒，英国新教的一派，只信奉《圣经》，不服从教会，主要由中下层受压迫的人民所组成，是1640年英国革命的主要力量。当时，英国经济快速发展，但是土地占有、行会控制、贸易垄断、苛捐杂税等封建制度阻碍经济发展。1628年，英国议会通过限制王权的“权利请愿书”。英王查理一世不同意，下令解散议会。1640年，查理一世被迫重开议会。1642年，查理一世挑起第一次内战，议会胜利，查理一世被囚禁。当时，议会中一派坚持君主立宪，另一派提出《人权公约》，主张废止国王，成立共和国。1648年，发生第二次内战，次年查理一世被杀，议会正式宣布英国为共和国。后来，1688年发生政变，国会中的保皇党派联合起来重新建立君主立宪制，保留国王，但是缩小了王权。

1688年“光荣革命”。这次革命推翻企图扩大王权的英王詹姆斯二世，历史学家称为不流血的“光荣革命”。议会迎接詹姆斯二世的女婿、信奉新教的荷兰执政威廉来英国。1688年威廉兵不血刃进入伦敦，1689年议会宣布威廉为英王。同时，议会向威廉提出《权利宣言》，经正式通过成为1689年《权利法案》（“宣布臣民权利和自由与确定王位继承办法的法案”）。内容规定：国王未经议会同意不得停止任何法律，未经议会同意不得征收赋税，国王不得干预议会事务，议会必须自由选举，议员有充分的言论自由。这个进一步限制王权的法案，成为英国宪法的基本文件之一。

英国君主立宪制。1263 年，国王和贵族发生战争，贵族获胜，1265 年召集会议，这是英国议会的开端。14 世纪以后，议会分为上下两院。1689 年议会通过《权利法案》，议会制君主立宪政体确立。君主是世袭国家元首，实际是统而不治的虚君。上院不经选举，由各类贵族组成。下院经选举产生。议会有立法权、财政权、对行政的监督权，主要由下院行使。议案程序是：议会辩论，三读通过，送交上院，英王批准。英王从未否决。内阁由议会多数党组成，多数党领袖为首相。

启蒙运动是工业化的前奏。英国首先掀起启蒙运动，工业革命开始于英国。

2. 启蒙运动在法国

法国的启蒙思想，深受英国影响。在法国，参加启蒙运动的学者有200 多人，启蒙时期长达一个世纪，涉及哲学、政治学、经济学、文学艺术、科学、教育各个方面。

a. 法国的启蒙思想

孟德斯鸠（1689—1755），曾游历英国，研究洛克等人的著作，赞美英国议会制度。1734 年发表《罗马盛衰原因论》，认为兴盛由于实行共和制，衰败由于专制暴政。1748 年出版《论法的精神》（“论法律和各国政府体制、风尚、气候、宗教、商业等的关系”）（严复译作《法意》），彻底否定神学史观，指出国家的目的在于保护政治自由，每个公民有权去做法律所许可的事情。批判封建专制暴政，痛责宗教迷信和奴隶贸易，宣扬人权、政治自由和信仰自由。他把政权分为立法、司法、行政三个部分，彼此分立，相互约束（补充了两权分立），立法权必须操在人民代表手中，行政权则归属世袭君主，司法权由选举产生的常任法官掌握。

伏尔泰（1694—1778），曾用讽刺诗抨击封建统治，触犯王室贵族，两次入巴士底狱。旅居英国，深受牛顿和洛克的影响，归国后宣传英国社会制度和自由思想。

揭露天主教会黑暗残酷，号召粉碎这种无耻罪恶。主张改造法庭，建立陪审制度，禁止任意逮捕，废除酷刑。著作涉及自然科学、哲学、历史、戏剧、诗歌等方面。为狄德罗主编的《百科全书》撰文。他说："我不同意你说的每一个词，但是我愿意誓死保卫你说话的权利。"

狄德罗（1713—1784），认为自然是一个永远流动的统一系统，其中存在时间、空间和物质。提倡唯物主义的感觉论，肯定知识来源于感觉，而感觉是外界事物刺激人们感官的结果。宣传"社会契约论"，君主的权威来自政治契约，君主的职责是保卫公民不受他人欺凌；抨击封建社会中神权和政权的干扰。大力提倡自由，包括政治自由、贸易自由以及学术研究自由。他的最大成就是主编《百科全书》，在他周围聚集了伏尔泰、达兰贝尔、霍尔巴赫、格里姆、卢梭等一批卓越思想家，宣传理性主义，反对宗教愚昧。《百科全书》多次被禁，他克服重重阻力，坚持达 20 年之久，毕生为真理和正义而奋斗。

卢梭（1712—1778），从自然神论者发展为无神论者。认为人生而自由、平等，随着私有财产的出现，富人获得合法奴役穷人的自由，穷人失去自由的权利，只有消灭暴君才能获得新的自由。既反对无政府主义，又反对封建专制主义。著《社会契约论》（旧译《民约论》），提出人民主权学说，国家是人民通过社会契约所组成，国家主权来自人民，不能分割或转让，人民有任命、罢免和监督行政首领之权，有决定国家统治形式之权，有推翻专制制度的起义之权。设计民主共和国的具体方案。又著教育小说《爱弥尔》（1762），主张保护儿童的自然本性，听其身心自由发展，开创近代的启发式教育。著作被取缔，本人被迫害，不得已流亡瑞士和美国。

b. 法国的社会改革

18世纪，法国经济向上发展，但是受到封建行会、工业法规、赋税关卡等的束缚。资产阶级处于无权地位，联合城市平民、手工业工人和农民，组成革命力量。启蒙运动之前，法国是欧洲的封建堡垒，改革特别困难，斗争特别猛烈。

1789年“法国大革命”。国王路易十六代表第一等级（僧侣）和第二等级（贵族），跟广大人民的第三等级（农民、城市平民、资产阶级）之间，矛盾尖锐。1789年5月，国王被迫召开已经175年没有召开的三级会议，继而改为国民议会和制宪议会。7月14日，巴黎人民起义，攻占囚禁政治犯的巴士底监狱，后来这一天定为法国的国庆日。同年，制宪议会通过《人权宣言》，制定君主立宪的《1791年宪法》，召开立法议会。1792年8月10日，巴黎人民第二次起义，逮捕秘密政变的路易十六，次年送上断头台。9月21日，召开普选产生的国民公会，成立法兰西（第一）共和国，废除国王。1793年5月31日，巴黎人民第三次起义，推翻执政的吉伦特派，由罗伯斯比尔的雅各宾派实行革命专政，颁布共和国的《1793年宪法》。

1789年《人权宣言》（“人权与公民权宣言”）。1789

年国民议会通过，1793 年法国宪法用作序言。受英国《人民公约》和美国《独立宣言》的启示，以洛克和卢梭的“自然法”和“社会契约”为哲学基础。要点：人民生来而且始终是自由的，在权利上是平等的；人民有自由、财产、安全和反抗压迫的自由；主权来自国民，任何团体或个人不得行使未由国民明确授予的权力；所有公民都有权亲自或经过代表参与制订法律，法律面前人人平等；未经法律规定，不按法律手续，不得控告、逮捕或拘留任何人；一切公民都有言论、著作、出版的自由；财产是神圣不可侵犯的权利。

1793 年《法国宪法》。法国从 1792 年到 1958 年，建立了 5 个共和国（从第一共和国到第五共和国），制订了 13 部宪法。其中，从封建专制变为民主共和的宪法，是法国大革命的果实：1793 年《法国宪法》。这是法国第一部比较完整地体现资产阶级政治要求，并在一定程度上反映小资产阶级和工人农民利益的宪法。全文分为人权宣言（序言）和宪法正文。主要内容：保障公民的平等、自由、安全和财产；公民有言论、出版、和平集会、宗教信仰的自由；有受教育和受社会救济的权利；有选举立法会议议员和复决法律的权利；法律面前人人平等，公民不受非法控告、逮捕和拘禁；承认财产私有制；确立立法、行政和司法三权分立制度；取消选民的财产资格限制。由于内外动乱，这部宪法没有付诸实施。但是它的民主原则被后来的法国宪法慎重遵守，并对许多国家的宪法发生影响。

3. 启蒙运动在美国

美国的启蒙思想来自英国和法国。美国的独立和建国是英法启蒙运动的扩大实践。美国的反英独立战争开始于1775年，结束于1783年的巴黎条约。

a. 美国的启蒙思想

富兰克林（1706—1790），早年编印《可怜的理查德历书》，宣传新的哲学、科学、文学和艺术，传播启蒙思想，畅销欧美各国。北美独立战争中，参加起草《独立宣言》。1778年，利用英法矛盾，签订《美法同盟条约》，促使法国、西班牙、荷兰先后参战，加快独立战争的胜利。1787 年参加制宪会议，主张废除黑奴制度，将人民权利列入宪法。

潘恩（1737—1809），曾任《宾夕法尼亚杂志》的主编，发表《美洲的非洲奴隶制》，痛斥奴隶贸易。1778 年出版《常识》一书，猛烈抨击英国政府对待殖民地的暴政和君主专制政体，主张北美殖民地独立，采用共和制。《常识》一书，通俗易懂，充满革命激情，深受北美殖民地人民的欢迎，成为独立战争的重要思想武器，其中的民主思想在《独立宣言》中得到了充分的反映。1791 年发表《人权论》，表述天赋人权的思想，尖锐地批评专制制度和等级特权，论证被压迫者有权推翻专制统治。

杰斐逊（1743—1826），美国第三届总统。1767 年选入殖民地议会。1774 年发表《英国美洲权利概述》，指出英国国会无权为殖民地制订法律。1775 年出席第二届大陆会议，1776 年主持起草《独立宣言》。他认为个人生来就有权得到维持生活的财产或职业，每个人都有受教育的权利，都有不可侵犯的自由。他制订宗教信仰自由的法案，取消宗教上的特权和歧视。他反对奴隶制度，1782年提出美国在1800年以后完全消灭奴隶制度，未获通过。他遵循华盛顿的民主先例，不连任三届总统。

麦迪逊（1751—1836），美国第四届总统，1787年《美国宪法》的主要起草人。1776年选入弗吉尼亚代表会议，起草关于宗教信仰自由的文件。1787年在制宪会议上提出的方案，成为制订宪法的指导原则。在《联邦党人》发表论文多篇，对宪法作了权威性的阐述。在国会中提出宪法修正案，强调宗教信仰、言论、出版自由的重要性。

华盛顿（1732—1799）担任两届美国总统（1789—1797）之后，群众推举他担任第三届。他说，我不能树立连任三届的不良先例。这是华盛顿的启蒙思想。其后两百年间，除罗斯福在战争时期担任第三届之外，没有人担任第三届。这一优良传统影响到其他一些国家。

b. 美国的社会改革

1776年《独立宣言》。英属北美殖民地人民发动独立战争之后，举行“大陆会议”，由杰斐逊主持起草《独立宣言》。1776年7月4日通过这个文件，这一天后来被定为美国国庆日。主导思想继承和发展了天赋人权和社会契约的理论，宣布一切人生而平等，上帝赋予他们生存、自由和追求幸福等不可让与的权利；任何政府损害这些权利，人民有权更换它，另立新政府。《独立宣言》第一次以政治纲领形式确立“人权原则”，推动了后来欧洲各国的革命，特别是法国大革命及其《人权宣言》。

1787年《美国宪法》和1789年《人权法案》。《美国宪法》，1787年制定，1789年生效，这是世界上第一部民主共和的成文宪法。1789年国会又提出宪法的“10条修正案”，1791年成为宪法的一部分，称为《人权法案》；内容有，保护个人的自由权利，如言论和出版自由，宗教信仰自由；抗议政府的和平集会权利；享受正当的法律程序及公正的陪审团的审判的权利；不受残忍和不寻常的刑罚和扣压的权利；人身和财产不受无理搜查和扣压的权利；政府权力来自人民的基本原则。后来又补充：1865年废除奴隶；1920年妇女选举权；1971年选举年龄降为18岁；1972年男女权利平等。

“三权分立”。这个原则，美国最先订入成文宪法。立法、行政、司法，三种国家权力分别由不同职能的机关行使，相互制约和平衡。分权思想源出古希腊的亚里士多德。近代明确阐述分立学说的是英国的洛克；1748年法国的孟德斯鸠在《论法的精神》中发展了洛克的学说，系统地提出三权分立原则，立法权由议会行使，行政权由总统或内阁行使，司法权由法院行使。后来民主国家普遍实行三权分立制度。

四、历史进退、匹夫有责

18世纪结束了。启蒙运动没有跟着结束。文艺复兴和启蒙运动是历史前进运动的潜在规律。

历史是一种基础知识。不论从事哪一行专业，如果有了必要的历史知识，就会增进人生的动力和人生的意义。一个社会中如果有适当的一部分人达到这样的境地，就能把社会建设成比较理想的状态。

今天，世界上存在着差异极大的各种社会。从不知道穿衣服的部落到口袋里装着移动电话的人群，并立于同一个地球上。报纸刊登亚马逊雨林中的裸体部落照片和印度洋安达曼群岛上的裸体部落照片，提醒我们还有不少一向没有往来的邻居。人群之间的“文化时差”有一万年。只有历史能说，我们站在时间的什么地方，应当向什么方向前进。历史进退，匹夫有责。

2000 年 12 月 24 日写完

（原载 2001 年 2 月和 3 月《群言》杂志）

耄耋学者周有光论世界观

著名文字改革专家周有光，今年105岁，近十年来逐渐把他研究工作的眼光转向历史科学，他不断发表关于世界观的文章。他认为过去我国知识界从苏联引进的关于世界观的理论比较费解，使人坠入五里雾中；他确信世界观就是科学的人类社会发展观，科学的历史观，应该把它弄明白，并且值得我国关心社会发展的人们共同认识和理解，从而明白世界的大势所趋，齐心合力促进我国的现代化。他的文章近年经过互联网的传播，受到广泛重视，起到了巨大的启蒙作用。

前些年，我读过周老的一些有关世界观的文章，曾经陆续写下一些笔记，现在我在这里综述我所获得的心得体会，留供复习和切磋。

世界观原来并不神秘

周老最初关于世界观的见解发表在2005年6月24日，当时他100岁，为自己出版的新书《见闻随笔》写了一篇题为《终身教育，百岁自学》的前言，其中有一段文字说到他读书的体会："有一位哲学教授说（摘录）：'世界观包含两种意义：1. 自然世界观，就是宇宙观，人对天体构造的理解；2. 社会世界观，人对人类社会的理解；古代认为君主和贵族统治人民是永恒的制度；现代社会学证明了人类社会的发展步骤是从原始社会、奴隶社会到民主社会，逐步前进，虽有曲折，没有例外。'"然后他自己谦虚地感叹："啊，如此简单！使我茅塞顿开！'世界观'原来不神秘。"

但是，他后来不久指出，这个并不神秘的社会世界观并不容易被人们普遍认可，被大家所认可还会有一个"渐进的过程"。于是2005年7月8日，他写了一篇《人类文化问题的再思考》，文章收录在2006年出版的《学思集》，他写道："科学分为自然科学和社会科学。自然科学指明自然发展的道路，社会科学指明社会发展的道路。社会科学的发展和认可还受到两种力量的制约：人民群众的觉醒程度和统治集团的开明程度。”不过，他相信：“自然科学和社会科学好比天平的两臂，倾斜是暂时现象，平衡是正常现象。整个世界正在快速前进，后进国家一定会跟上先进国家。”

全球化是各国趋向一致的变化

周老多年来热心于普及百科知识，热心于启蒙，让广大人民群众早些觉醒。早在2000年，他就说过，他自己的座右铭是“了解过去，开创未来，历史进退，匹夫有责”；他不断地撰写关于历史科学特别是世界历史问题的文章，说明科学地认识世界非常重要。

他在2000年12月24日写作的一篇题为《文艺复兴和启蒙运动》的文章的最后写道：“历史是一种基础知识。不论从事哪一行专业，如果有了必要的历史知识，就会增进人生的动力和人生的意义。一个社会中如果有适当的一部分人达到这样的境地，就能把社会建设成比较理想的状态。”

常言道：“事实胜于雄辩。”周老善于利用具体事例说明问题。2000 年 11 月 13 日，他写出文章《什么叫做全球化》，说明当今的世界各国就在发生趋向一致的变化。

文章的开头就说：“全球化是不受地理限制的行为，多数国家已经实行，并且有推行到全世界的趋势。”

文章根据事实列举世界发展的趋势：

经济方面：贸易、交通和货币都在一致起来；

政治方面：20 世纪有过三次民主化的高潮，民主国家逐渐增多，现在民主国家已经超过全世界国家总数的三分之二。他深刻地指出：“民主的名义已经为全世界所接受，即使最反对民主的统治者也在国家的名称中写上了民主字样。选举几乎普遍实行，不过很多是自欺欺人。”

文化方面：历法和度量衡全球化，电话、广播、电视、电脑的普遍使用是信息的全球化；科学破除迷信，真理传遍世界；英语在各国运用和拉丁字母被世界大多数国家采用是语文的全球化；奥运会是体育的全球化。旅游全球化扩大了人类的视野。

文章最后的结束语是“事实告诉我们，世界大多数国家已经进人全球化时代”。这也就是说，当前人类社会发展的趋势显示一体化，显示着共同的趋向。

人类的历史发展从来就一体化

2005 年 7 月 8 日，他写作题为《人类文化问题的再思考》的文章，从人类文化的历史来观察世界的发展一体化，这里说的人类文化的意义比较大，相当于人类文明的意思。他直截了当地说：“人类文化的发展步骤主要有三个方面，一、经济方面：从农业化到工业化到信息化。二、政治方面：从神权政治到君权政治到民权政治，简单地说，就是从专制到民主。三、思维方面，从神权思维到玄学思维到科学思维。”

就在这篇文章里，他明确地说：“人类社会的发展有共同的一般规律，各个地区又有各自的发展特色，特色不能否定一般规律；发展有先后，殊途而同归。”

2007 年 5 月 30 日，可能周老认为关于世界观的解说还不够明确，又专门写了一篇《全球化时代的世界观》，（发表在《法治大手笔》一书第 1200 页）他认为“历史观是世界观的重要内容，称为世界历史观。在全球化时代，需要重新审视世界历史。历史要真实，不要伪造；认识要理性，不要曲解；这是全球化时代的头等大事。”“全球化正在促使我们也要重新认识历史。”

需要明确的几个观点

周老 2007 年的这篇文章讲了有关历史的几个具体观点，他认为明确这几个观点会有助于领会全球化时代的世界观。

第一，阶级斗争。“资本主义社会有不同的阶级。阶级之间既有矛盾，又有合作。有矛盾，就有斗争；斗争方式主要是和平罢工，不是你死我活。罢工和复工，斗争和合作，周期往复，资本主义蒸蒸日上。”“马克思和恩格斯晚年已经纠正了他早年的错误，认识到阶级斗争可用和平方式在民主议会中进行。”

第二，民主。“民主不是某些国家的新发明和专利品，它是二千年间全部人类的经验积累；世界各国一代一代人的不断创造，达到今天的水平，今后当然还要继续前进。先进国家无不尊奉民主制度。”

第三，社会主义。“社会主义是理想，还不是现实。把社会主义和资本主义相提并论是把理想和现实混为一谈。”

周老2008年12月20日在他发表的《理想与现实》一文又补充说：“近来印度等国的共产党，实事求是，提出当前的任务是建设资本主义，而不是建设社会主义。马克思主义学者提出，社会主义要民主化，资本主义要福利化，二者殊途同归，两相会合，共同进入共产主义的大同世界。这是全球化时代的新思维。”

一点应得的体会

我体会，周老多年间发表一系列文章都旨在启示读者，马克思和恩格斯晚年的历史观也就是科学的世界观；有了这样的认识，就能明确世界大势的趋向，也会对当今我国有关普世价值问题的争论明辨是非，会确信普世价值所包含民主、自由、平等、博爱一类文明是人类共同创造的先进经验，它们也就是还没有实现这些文明的国家的人民所渴求的愿景。

因此，我相信，希望和追求我们国家实现民主、自由、平等的现代文明，实现现代化，就会重视和信奉普世价值。一句话，这就是坚持科学的人类社会发展观，科学的世界观。

（2010 年 3 月 29 日，时年 95 岁）

■链接

人类历史的演进轨道

周有光

探索历史演进的轨道

人类历史从考古来看有30万年，从文化来看有一万年。世界各国都在同一条演进轨道上竞走，有快有慢，有先有后，有偏离轨道、重又回归，有道外徘徊、终于上轨，先进和落后之间，差距一万年。

学者们研究演进轨道如何分期，形成不同的假说。1950年代，苏联传来五阶段论：原始社会，奴隶社会，封建社会，资本主义社会，共产主义社会（初级阶段：社会主义社会）。这个假说需要重新研究。因为：苏联瓦解，证明社会主义社会没有成为现实，只是一个理想，把理想阶段和现实阶段相提并论，不合逻辑。宗教学者说：宗教都有末日预想，末日论者预定某日为末日，先去藏身山洞，躲过末日再来人间，多次未见灵验。把共产主义作为社会发展的最后阶段也是一种末日论。社会发展没有尽头，科学历史观不预设最后阶段。

有一种三方面、三阶段的简单归纳说法：经济方面，农业化、工业化、信息化；政治方面，神权、君权、民权；文化方面，神学、玄学、科学；合称“三化、三权、三学”。

孔子在2500年前提出大同论，把历史演进分为．大同和小康。他希望从小康回归大同，但是他不得不承认“禹、汤、文、武、成王、周公”实行的都是小康。大同是理想小康是现实。中国今天建设小康，志在大同。

苏联问题的再思考

苏联结束，苏联问题没有结束。学者们发现，苏联脱离了历史演进的正常轨道，走进了历史的误区。“农业集体化、社会主义工业化”，苏联模式国家一个个接连发生大饥荒和大清洗“自动大屠杀”（autogenocide）规模之大，旷古未有。

社会主义没有公认定义。谁是社会主义国家，只能以“自称”来认定，不管别国是否同意。除去已经解体的苏联（十五个加盟国、七个附属国）、南斯拉夫（七国）和红色高棉（重建君主立宪），再除去“自称”社会主义又“放弃”社会主义称号的国家（阿尔巴尼亚社会主义人民共和国、缅甸联邦社会主义共和国），今天剩下“自称”社会主义的只有六个国家：中国、朝鲜、越南、老挝、古巴、利比亚（大阿拉伯利比亚人民社会主义民众国）。社会主义阵营盛极而衰了。

西方记者大都短视，一见普京就像看到了冷战。他们不懂历史演进不能没有离轨和回轨的摇摆现象。上次冷战，美国以“耐心”等待“冷战”，耐心策略成功了。苏联暴虎冯河，美国守株待兔，兔子果真自己来了。俄罗斯退回苏联是不可思议的了。俄罗斯有一向隐瞒的落后历史背景，怎能希望它不是跌跌撞撞地进入民主世界呢？

俄罗斯独立后的共产党书记久加诺夫认为，苏联瓦解原因是："一党专政，三大垄断"——垄断政治、垄断经济、垄断真理。斯大林独裁30年，消灭全部革命元勋和陆海军官。"共产主义特权阶级"有70万人，加上家属一共300百万人，掌握党政军、企业、农庄。1989年苏联社科院调查："苏共究竟代表谁?"答案：说代表劳动人民的7%；说代表工人的4%；说代表官僚的85%。苏联时期，"朕即真理"，创造多种马克思主义科学，后来全被否定，成为可笑的"伪科学"。

苏联违反经济规律：不许竞争，工商企业打哈欠；统购统销，瘸腿女儿不愁嫁；实物交易，十万苹果一吨钢；暖房经济，冷风吹过尽枯萎。以空想为现实，以落后为先进，倒行逆施，至矣尽矣！学者研究：苏联革命对俄罗斯的破坏十分彻底，至今农业恢复到1914年的水平，制造业缺少民生工业，依靠天然气作威作福。一度宣传的欧洲第一工业大国，哪里去了？苏联社会的发展水平实际达到：早期工业化，君权专制，玄学横行。

学者们问：苏联瓦解，是谁失败了？是苏联失败，不是俄罗斯失败吗？是戈尔巴乔夫失败，不是列宁、斯大林失败吗？是列宁、斯大林失败，不是马克思失败吗？不可否认，失败基因来自马克思。如果不把马克思当作不犯错误的上帝，那么，苏联瓦解就是马克思主义的破产。马克思死于一次大战之前31年，他只看到资本主义初级阶段（一战前）的前半，没有看到后半，更没有看到中级阶段（两战之间）和高级阶段（二战后），他没有看到资本主义的全貌，他写的《资本论》当然只可能是哲学推理，不可能是科学论证。

一位马克思主义者说，没有谁失败。资本主义搞了几百年，垂死而没有死亡。社会主义只搞几十年，实验时间太短，还没有成功，怎能就说失败？需要重新实验，谁说不会有一天成功？有愿意再实验的国家吗？中国不是还在实验吗？中国结论是“实践是检验真理的唯一标准”。

法国学者告诉我，欧洲有一条贫穷线，从西而东，经西欧、中欧、东欧，越到东越穷，到苏联最穷。我的亲身经历，证明了贫穷线的存在。以最穷的苏联来统治全世界，谁服他？

美国何以一枝独秀？

许多人说，美国在美洲，有东西两洋保护，不怕欧亚大陆的敌人来犯所以能够自由发展，成为超级大国。地理是一个条件，并非主要条件。拉美有同样的地理条件，为什么落后？

比较客观的意见是：美国一枝独秀，依靠民主和科学。民主制度，不断更新，电视辩论，国际观察。经济恐慌，实行新政，金融调节，淡化周期。自然科学领先，社会科学也领先，科学平等。反对平均地权，实行农田集中；反对节制资本，实行资本扩大；反对劫富济贫，实行助富济贫；反对平均主义，实行发展策略。开创航空时代，开创网络时代。美国是从殖民地独立起来的，它反对殖民主义，开创超越殖民的资本主义新技术时代。

西欧和美国都实行福利政策，为什么西欧停滞不前，美国欣欣向荣？这是一个分寸问题：福利过多，资本停滞；福利适度，劳资两利。英国实行私有化扭转了局面。美国没有坠入福利误区。美国的社会发展水平居世界之首：工业化、信息化，民主先进，科学超前。

马克思主义怕修正。民主制度怕不修正。民主没有固定模式，必须不断修正、逐步完善。美国天天革命，所以没有突然革命；不断和平过渡，所以没有暴力过渡。

中国如何给自己定位？

国外评论说，中国有两大问题，一是经济，二是军事。

关于经济：他们说，中国经济已经开始工业化，外包工业启动得力，洋务运动的工业化之梦实现了。国外总结：中国虽然人均GDP只有四小龙的1/4，人口有13亿，总产量可观，成为世界工厂。政治一党专制，放弃阶级斗争，建设小康，实行贤人政治，抚慰两千年来驯服成性的13亿老百姓。文化引进自然科学，限制社会科学，经济学是例外；孟子民本，老子愚民，两圣同堂，共享复兴；控制出版，不准偷看香港刊物，一眼两制。他们认为，中国达到了日本明治维新的水平，半封建、半资本，这是大日本帝国主义的出发点。中国的外包工业大有利于发达国家和周边地区，国外多赚国内少得，自愿吃亏，中外互补。

关于军事：中国军费仅次于美国，但为数有限，跟美国不可比拟；军事技术有难于逾越的鸿沟，美国并不真正担心。美国担心的是中国是社会主义，专制独裁，国事保密，主张多极世界，反对世界一体化；多极世界曾经引起两次世界大战，中美之间潜伏未来敌意；欧美的共同信念是，民主国家之间，即使有矛盾，不会走向战争；民主和专制之间，即使当前和谐，总有一天怒目亮剑；美国希望中国走向民主，在世界一体化的格局中，建立中美的互信。印度是民主国家，长期跟美国处于敌对阵营，美国的军事研究所不排斥印度专家，可是一直排斥中国专家。

中国当局反对民主，理由是民主不适合中国国情。一位中国学者问：马克思主义适合中国国情吗？先进国家都没有国定的意识形态，为什么我们要国定意识形态？改革开放应当放弃国定意识形态，实行百家争鸣。百家争鸣才能突破低度工业化和封建玄学的发展屏障。

苏联原想一统天下，毛泽东同意斯大林管辖全世界，毛泽东管辖亚洲，胡志明管辖印度支那。斯大林一死化为一缕青烟。毛泽东死后，中国放弃一边倒，建设有中国特色的社会主义，不争论姓社姓资。重读“九评”，叫人黯然失笑！误入歧途，翻然回归，中国幸甚！

在欧美眼里，俄罗斯和中国都是专制。俄罗斯从专制走向民主，叶利钦郑重声明：“结束共产主义思想体系和实践的统治，“苏联解体是俄罗斯前进的必要条件”。普京提出主权民主，违背民主方向，普京在后退。中国改革开放结束阶级斗争，引进外包，发展经济，有进入世界、趋向民主的意味，邓小平在前进。欧美认为，中俄都是半专制、半民主，可是向前向后的趋向不同。外国记者说，这就是为什么美国责备俄罗斯严格，而对待中国宽松。

汶川地震，政府领导救灾，获得好评。中国没有民意测验也能感觉官民气氛的改善，媒体说开始了新爱国主义。中国四周，小国崛起，不丹国王自动民主化，尼泊尔国王被动民主化，台湾新总统就职演说打民主牌，香港频频发动直选大游行，一团乱麻的巴基斯坦在肉弹横飞中民主选举，法德公开谈民主外交。奥运会将显示中国的开明景象。布什总统将参加奥运会开幕式，他心中藏着一个疙瘩，中国如何定位？

（2008年6月21日，时年103岁）

（录自《朝闻道集》）

全球化时代的世界观

周有光

全球化时代的世界观，跟过去不同，主要是：过去从国家看世界，现在从世界看国家。过去的世界观没有看到整个世界，现在的世界观看到了整个世界。在全球化时代，由于看到了整个世界，一切事物都要重新估价（transvaluation）。

历史事实的理性认识

历史观是世界观的重要内容，称为世界历史观。在全球化时代，需要重新审视世界历史。历史要真实，不要伪造；认识要理性，不要曲解。这是全球化时代的头等大事。

这个要求，德国人做到了。德国总理到波兰，向万人冢下跪，深刻自责。人们说：一个德国总理跪下去，千万德国人民站起来了。

日本态度不同。进入中国，不是侵略中国！海军战败，陆军没有战败！败于美国，没有败于中国！军事战败，经济战胜！实力雄厚，卷土重来！首相不断祭拜战犯。

俄罗斯从苏联瓦解中独立出来，俄罗斯学者们掀起大批判，苏联圣经《联共党史》受到强烈指责：伪造历史，曲解事实。

最近波兰和爱沙尼亚把苏军烈士纪念碑从市中心迁移到苏军墓地。俄罗斯提出抗议，认为这是无视苏军解放当地的功勋。当地人民认为，苏军侵略本国，不应当再崇拜下去了。希特勒是侵略者；苏联究竟是解放者还是侵略者呢？

抗美援朝时期，我们宣传朝鲜战争是美国发动的；现在承认，是北朝鲜一边首先发起的进攻。过去我们宣传，抗日战争主要是共产党打的；现在承认，国民党的战区大，军队多，抗日八年，坚持到底，日本向国民党投降；八路军是国民党的军队编号，帽徽是国民党的党徽，不是五角红星。

国民党歌颂太平天国，因为他反对清王朝；共产党歌颂太平天国，因为他是农民革命。2000 年的电视剧《太平天国》，稍稍暴露一些太平天国的倒行逆施。《辞海》原称“太平天国革命”，后来改为“太平天国运动”。全球化正在促使我们也重新认识历史。

同一件事实，以前不同的国家、不同的派别，有不同的纪录，现在要放弃主观的偏见，写成客观而忠实的纪录，使世界史成为名副其实的世界史。

阶级之间的矛盾和统一

人类社会不可能没有阶级。苏联消灭了阶级是虚假的宣传。资本主义社会包含不同的阶级。阶级之间，既有矛盾，又有合作。有矛盾，就有斗争；斗争方式主要是和平罢工，不是你死我活。

美国是资本主义最发达的国家，因此有最强大的工会。工会认为工资不合理的时候，就举行罢工。罢工达到目的，立即复工。资本家改进技术，又获得超出原来的利润。如果赢利提高而工资不提高，可能再次罢工。罢工和复工，斗争与合作，周期往复，资本主义蒸蒸日上。如果美国的工会采取你死我活的斗争，美国在苏联瓦解之前早就瓦解了。

资本家不是只剥削，不生产价值。资本家有三种功能：创业功能、管理功能和发明功能。创业最难，美国工业发达，依靠不断培养优秀的创业者。管理是重要的生产力，这在今天已经成为公认的常识：生产力 = 科学技术 ×（劳动力 + 劳动工具 + 劳动对象 + 生产管理）。管理已经发展成为多种学科。早期资本家都是发明家，后来才有专业的发明家。

马克思和恩格斯跟所有学者一样，不断研究，不断进步，晚年纠正早年的错误。他们晚年都认识到，阶级斗争可用和平方式在民主议会中进行。

马克思（1818—1883）去世太早，只看到资本主义初级阶段（“一战”前）的前半，没有看到后半，更没有看到中级阶段（两战间）和高级阶段（“二战”后）；他没有看到资本主义的全貌，因此《资本论》只可能是哲学推理，不可能是科学实证。

民主是人类的经验积累

民主不是某些国家的新发明或专利品，它是三千年间人类的经验积累。希腊城邦的直接民主，克利斯梯尼（Cleisthenes）的民主改革，伯里克利（Pericles）的民主实践；英国的大宪章，清教徒革命，光荣革命确立议会，洛克（Locke）提出两权分立；法国大革命，人权宣言，权利法案，卢梭（Rousseau）的契约论，孟德斯鸠（Montesquieu）提出三权分立；美国的独立宣言，成文宪法，华盛顿（Washington）不连三任的范例，妇女选举权，罗斯福（Rooserelt）的新闻发布会，晚近竞选的电视辩论、国际观察。许多国家，一代一代的政治家、思想家、革命群众，前赴后继，不断创造，达到今天的水平。今后当然还要继续完善化。

陈独秀早期认为民主没有阶级性；后来服从第三国际，主张民主有资产阶级和无产阶级的分别；晚年冷静思考，纠正错误，重新肯定民主没有阶级性。

李慎之说，民主不仅没有阶级性，也没有新旧之分。他提倡“回归五四，学习民主”。

孟子开创民本思想和革命理论。“民为本，社稷次之，君为轻”；推翻残暴的“独夫”帝王，不是篡逆。民本思想是民主制度的前奏，民主制度是由古而今逐步发展的。

民主不是有利无弊的制度，但是历史证明，它是不断减少弊端的较好制度。在民主制度之下，发展了近代繁荣：新经济、新科技、新福利、新社会。从神权到君权到民权是一条政权演进的路线，全世界的国家都在这条路线上竞赛。

社会主义是理想

“社会主义”说法繁多，有空想社会主义，有科学社会主义，俄罗斯有苏共社会主义，中国有特色社会主义，柬埔寨有红色社会主义，缅甸有军人社会主义，利比亚有民众社会主义，还有其他各种自称的社会主义。搞了一辈子社会主义革命的老革命家也糊涂了，一下子说不清什么才是真正的社会主义。

陈毅副总理到摩洛哥，国王请吃饭，客人后面都站一位调味师；国王说，我们每人一盘菜，都是社会主义，可是各人的调味不同。

既然说不清什么是社会主义，为什么革命家还要自称社会主义呢？社会主义是崇高的理想，革命家不因为说不清而且没有出现过公认的真正社会主义，就轻易放弃崇高的理想。正如中国从古到今尊崇大同理想，不因为从来没有出现大同而放弃大同的崇高理想。

苏联瓦解后，独立起来的俄罗斯放弃了社会主义路线。叶利钦宣称："结束共产主义思想体系和实践的统治"，"苏联瓦解是俄罗斯发展的必要前提"。俄罗斯退出了历史的误区。

住在莫斯科的一位中国学者，听了苏联总统宣告苏联解体的电视讲话之后，十分惊讶，匆忙走去红场了解情况。只见稀稀拉拉不多一些人在走路，没有他所预期的群众聚会。第二天去看俄罗斯朋友：一位说，他没有看电视；一位说，这或许不是坏事；一位说，他们要走，就让他们走吧（他们指苏联的加盟国和卫星国）。全世界都在震惊，唯独苏联人民人人保持冷静！有74年的亲身经历，他们最知道什么是社会主义。

世界观的更新

全球化时代的世界观包含两个方面：

1. 自然世界观，就是宇宙观：人对天体构造的理解；古代认为天体是神，神有人性，主宰人类；现代科学证明天体的客观存在形式和宇宙的物理运行规律。

2. 社会世界观：人对人类社会的理解，核心问题是统治制度：古代认为君主和贵族统治人民的专制模式是永恒制度；现代社会学证明了人类社会的发展步骤和统治制度的逐步演进。

苏联宣传:“人们的社会地位不同，观察问题的角度不同，形成不同的世界观；世界观具有鲜明的阶级性。”俄罗斯改正了这种说法。自然世界观的根据是自然科学；社会世界观的根据是社会科学；科学没有阶级性，世界观哪来阶级性？

(2009 年 5 月 8 日修改，时年 104 岁)

(录自《朝闻道集》)

读书笔记：从人均GDP看世界

周有光

（根据：纽约时报社《2010世界年鉴》）

2009年联合国有192个会员。国家和地区的人均GDP分6级（单位美元）：

A级4万元以上，B级3万元以上，C级2万元以上，D级1万元以上，E级5千元以上，F级5千元以下。

(1) 资本主义国家和地区

西方国家：

西方7国：美国46900，A；加拿大39100，B；英国36500，B；法国33200，B；德国35400，B；意大利31300，B；日本34000，B。

北欧：瑞典38100，B；丹麦37100，B；挪威59300，A；芬兰36900，B；冰岛41800，A。

西中欧：荷兰40400，A；比利时37400，B；卢森堡81000，A；瑞士41800，A；奥地利40200，A；希腊32000，B；爱尔兰45300，A。

西南欧：西班牙34700，B；葡萄牙22200，C。

以上西方国家计21国：A级8国；B级12国；C级1国（无DEF级）。

澳新（大洋洲）：

澳大利亚38100，B；新西兰28000，C。

东亚四小龙：

新加坡51500，A；韩国27600，C；台湾31100，B；香港43700，A。

以上西方加澳新和四小龙共27国和地区：A级10国；B级14国；C级3国（无DEF级。）

（2）社会主义国家（过去或现在自称“社会主义”的40国）

苏联集团（24国，全部放弃社会主义）：

加盟国15，包括：

中心4国：俄罗斯16100，D；白俄罗斯11800，D；乌克兰7400，E；摩尔多瓦2500，F；

波罗的海3国：爱沙尼亚21000，C；拉脱维亚17300，D；立陶宛17800，D；

高加索3国：阿塞拜疆9500，E；格鲁吉亚4600，F；亚美尼亚6300，E；

中亚5国：哈萨克11500，D；乌兹别克2600，F；塔吉克1800，F；吉尔吉斯2200，F；土库曼9200，E。

华沙条约8国（包东德、斯洛伐克、阿尔巴尼亚）：保加利亚12900，D；捷克25900，C；分出斯洛伐克21900，C；波兰17300，D；匈牙利19800，D；罗马尼亚12200，D。

（缺东德统计）。

中途退出华沙条件的国家：阿尔巴尼亚6000，E。

在东亚的国家：蒙古国3200，F。

苏联集团24国（包东德无统计）：C级3国；D级9国；E级5国；F级6国（无AB级）

南斯拉夫（7国，全部放弃社会主义）：

塞尔维亚10800，D；克罗地亚18300，D；波黑6500，E；马其顿9100，E；黑山10100，D；斯洛文尼亚29600，C；科索瓦2300，F。

南斯拉夫共7国：C级1国；D级3国；E级2国；F级1国（无AB级）。

东亚（共7国）

现称社会主义的4国：

中华人民共和国（中国）6000，E。

朝鲜民主主义人民共和国1800，F。（韩国27600，C）。

越南社会主义共和国2800，F；

老挝人民民主共和国2100，F。

放弃社会主义名称的3国：

柬埔寨人民民主共和国（红色高棉）2000，F。（改为柬埔寨王国）。

缅甸联邦社会主义共和国1200，F。（改回缅甸联邦）

蒙古人民共和国（见前苏联集团）3200，F。（改称蒙古国）。

东亚共7国（包蒙古）：E级1国；F级6国（无ABCD级）

拉美：古巴共和国9500，E。（古巴国名未改，信奉社会主义）

北非：利比亚，现称“大阿拉伯利比亚人民社会主义民众国”，14400，D。（有石油）

社会主义国家综述：

先后自称社会主义的共40国（缺东德统计）：C级4国，D级13国，E级9国，F级13国（无AB级）。

现在（2009）称社会主义的国家有6国：中国、朝鲜、越南、老挝、古巴、利比亚。

(3) 拉丁美洲（共48国，列20国）

（北美）墨西哥14200，D；危地马拉5300，E；伯利兹8400，E；萨尔瓦多6200，E；尼加拉瓜2900，F；哥斯达黎加11500，D；巴拿马11700，D；古巴9500，E；

（南美）委内瑞拉13500，D；哥伦比亚8800，E；厄瓜多尔7500，E；秘鲁8500，E；玻利维亚4500，F；圭亚那3800，F；苏里南8900，E；巴西10200，D；智利14900，D；阿根廷14200，D；巴拉圭4200，F；乌拉圭12400，D。

以上拉美20国：D级8国，E级8国，F级4国（无ABC级）。

(4) 伊斯兰教国家

阿拉伯国家联盟（22国，缺巴勒斯坦）：

（北非）埃及5400，E；利比亚14400，D（见前）；突尼斯7900，E；阿尔及利亚6900，E；摩洛哥4000，F；毛里塔尼亚2100，F；

（西亚）伊拉克3700，F；科威特57400，A；沙特阿拉伯20500，C；巴林37300，B；卡塔尔110700，A；阿拉伯联合酋长国39900，B；阿曼20200，C；也门2400，F；叙利亚5000，E；黎巴嫩11400，D；约旦5700，E；

（其他非洲）科摩罗1000，F；吉布提3700，F；索马里600，F；苏丹2200，F。

阿联以外的非阿拉伯国家（列8国）：

（西中亚）土耳其11900，D；伊朗12800，D；阿富汗700，F；

（南亚）巴基斯坦2500，F；孟加拉国1500，F；

（东南亚）印尼3900，F；马来西亚15200，D；文莱53600，A。

以上阿盟和非阿盟共29国：A级3国，B级2国，C级2国，D级5国，E级5国，F级12国。

（5）非洲国家（共57国）

非洲联盟（53国，列27国）：

（北非见前）

（东非）埃塞俄比亚 800，F；苏丹 2200，F；索马里 600，F；肯尼亚 1600，F；乌干达 1300，F；坦桑尼亚 1300，F；赞比亚 1500，F；津巴布韦 200，F；

（西亚）塞内加尔 1600，F；几内亚 1000，F；塞拉利昂 700，F；利比里亚 500，F；科特迪丽 1700，F，加纳 1500，F；多哥 900，F；贝宁 1500，F；

（中非）尼日尔 700，F；尼日利亚 2300，F；乍得 1600，F；中非 700，F；刚哥 300，F；刚哥民主共和国 3900，F；

（南非）南非 10600，D；安哥拉 8800，E；莫桑比克 900，F；博茨瓦纳 13900，D；纳米比亚 6300，E。

以上非洲 27 国：D 级 2 国，E 级 2 国；F 级 23 国（无 ABC 级，大都 F 级）

（6）其他

金砖四国（BRIC）：

巴西 10200，D；俄罗斯 16600，D；印度 2900，F；中国 6000，E。（无 ABC 级）。

佛教：

泰国 8400，E；斯里兰卡 4300，F。

印度教：

尼泊尔 1100，F；印度 2900，F。

喇嘛教：

不丹 5200，E。

读周有光《朝闻道集》的笔记

耄耋学者周有光的新作《朝闻道集》，是2010年3月他105岁时出版的一本文集，内容都是他近年所写有关世界文化发展史和世界发展形势的文章。他高瞻远瞩，深刻地谈论着人类社会发展历史的基本规律，他殷切地希望以此告诉读者世界发展的形势，从而让大家一起来认识自己国家发展的方向和道路。周老为这本文集的命名，显示着他尽力启蒙的殷切期待。

我把这本书读了几遍，很想写好这篇笔记，以利于复读，充分领会周老那些具有生命一般宝贵价值的远见卓识；我体会：它们正好是当今我们亟需理解的科学历史观。

有关这本文集的评语

《朝闻道集》最前面刊登着几位名家赞扬本书的短文，我觉得它们十分有助于我自己对这本文集的领会，特首先把其中最精彩的评语摘录下来：

“周老先生的这部《朝闻道集》是在学贯古今中外的基础上的新审视、新思考、新创造，它冲到了当代思想文化领域的最前沿。”

“他对中外典籍、历史、文化以及最新的学术成果和资讯作了广泛而深入的考察和研究，站在思想的前沿，以全新的学术眼光，提出了一系列独特的解读和诠释，为人们打开了一扇高远清新的思想窗户，看到了一个精彩纷呈的文化新世界，并将引导人们进一步追问和思考。”

“他兼有俯瞰全球的文化视野，百科全书式的知识背景，语言大师的清通文字，历史老人的清明睿智，现代公民的社会关怀，知识分子的批评精神。”

这些评述道出了这本周著的特色和主要意义。

关于世界文化的规律

《朝闻道集》着重讨论文化，这里的文化是一种大文化的概念，是指人群活动和人类社会发展中最根本的形态，它不仅包括思想意识形态，也包括经济、政治等活动多种变化的形态。于是就人类文化从发展的步骤来说，主要有三个方面：一、经济方面：从农业化到工业化到信息化。二、政治方面：从神权政治到君权政治到民权政治，简单地说，就是从专制到民主。三、思维方面：从神学思维到玄学思维到科学思维。世界各处“发展有先后，殊途而同归”（《朝闻道集》第95页）。它们也就是“历史发展的轨道”。(120页)

人类社会的发展有共同的一般规律，各个地区又有各自的发展特色，特色不能否定一般规律。(97页)

人类文化就平面分布和水平移动来说，有四种传统文化：东亚文化、南亚文化、西亚文化、西欧文化。东亚文化、南亚文化和西亚文化合称东方文化。(93 页) 就层次重叠和前进发展来说，还有地区文化之外不分地区的共同文化叫国际现代文化。国际现代文化是世界各国“共创、共有、共享”的共同文化，正在突飞猛进，覆盖全球。目前每个国家都生活在传统文化和国际现代文化并存的“双文化”时代。

国际现代文化以科学为主流。西方科学发展较早。国际现代文化中含有西方成分较多，但其他传统文化对国际现代文化都有重大贡献，不可低估。(94 页)

“双文化”新旧并存，相辅相成，自然消长。传统文化发扬精华，淘汰糟粕；现代文化吸收众长，青出于蓝。

不同文化相遇，可能发生三种情况：1. 并立、互补；2. 融合、更新；3. 排斥、冲突。文化冲突有广狭两义：广义指知识差距的冲突；狭义指宗教迷信的冲突。以专制对民主是神学文化和玄学文化同科学文化的冲突。911 恐怖组织摧毁纽约贸易大楼是宗教迷信的文化冲突。(117 页)

不同文化之间和谐是常态，战争是变态。如何永久和谐共处，是全球化时代人类面对的最大问题，也是难于解决的问题。欧美提出的理念是：世界多极化，容易发生战争，世界一体化，容易和平共处。欧盟是一体化的尝试，获得重大成功。国际共同文化和地区传统文化的“双文化”结构，提供了长期和平共处的重要条件。(119页)

现在美国是资本主义和现代文化的主要代表，它就经常受到不同文化如戴高乐主义、共产主义、伊斯兰原教旨主义等的攻击。

多元文化和谐共存必须有共同的交通规则。我国参加“世界贸易组织”，跟世界接轨这一步的效果已经非常明显。(120页)

我国华夏文化的演进

华夏文化源远流长，从甲骨文算起，有3300年的文字记载，经过原始的卜巫文化之后，从春秋到清末2500

年中，以儒学为主轴，经历了四次演变：先秦的百家争鸣，汉代的独尊儒术，唐代的儒佛并重，宋代和明代的理学传布。清末以前，华夏文化为历代帝王服务，当年的经济基础是农业和手工业，都曾稳步发展，并有培育五谷，养蚕缫丝，采焙茶叶，制造瓷器，发明纸张等重大创造，造福人民，惠及邻邦。近代以前，跟西欧、西亚和南亚相比，华夏文化和东亚文化毫无逊色，或许略胜一筹。（16—17 页）

华夏文化在过去多年期间，包含多种学说和宗教。儒学即孔孟学说，它以“仁”为中心思想，以“礼”为行为准则。孔子有教无类，诲人不倦，培养人才，修身、齐家、治国、平天下，建设礼仪之邦。这学说实事求是，朴素无华。但汉代董仲舒将儒学教条化和虚无化，把人际关系纳为三纲五常，更偏向于为皇权服务。佛教从印度传来建筑术、天文学、数学、医学、语文学、因明学以及使人耳目一新的音乐、舞蹈、文学，使唐代多元文化大放光明。到宋代和明代，儒学演变为“宋明理学”，把儒家的纲常名教提高到神圣天理的玄虚程度，失去了促进社会发展的积极作用。

华夏文化既有光环，也有阴影。老子宣扬愚民哲学，理学提倡玄学，距科学的实证精神格格不入。过去以农立国，小农生产，重农轻商，厘金盘剥，经济受封建的重重束缚，无法扩大再生产。

过去“格物致知”的思想没有发展为科学，“民本思想”也没有发展为民主。清末革新派提出的改革原则“中学为体、西学为用”，实际是封建为体，枪炮为用；体用分裂，就是生产关系和生产力分裂，这不符合生产关系要适合生产力性质的规律，名为革新，实则保旧。

为封建制度服务了 2500 年的华夏文化，要想转化成为现代文化，那是一场脱胎换骨大手术。只有清算过去，方能开创未来。

人类历史演进的轨道

《朝闻道集》里有一篇文章《人类历史的演进轨道》

断言，“人类历史从刻符和岩画来看，有一万多年，世界各个民族都在同一条演进轨道上竞走，有快有慢，有先有后。有偏离轨道、重又回归，有道外徘徊，终于上轨。先进和落后之间相差亿万年。”

文章着重研讨现实阶段和理想阶段的关系问题。这里最重要的理念是不能“以空想为现实，以落后为先进”。

文章指出：“苏联结束，档案公开，开始了苏联问题的深入研究，历史家们恍然大悟，苏联走进了历史的误区，消灭地主和富农，消灭资本家和旧知识分子，实行农业集体化和社会主义工业化，优先发展重工业和军火工业，这都违反历史常规，结果发生大饥荒和大清洗，自残自戕，自行消灭。”

苏联瓦解的原因也就是苏共书记久加诺夫所说的“一党专政，三大垄断——垄断政治，垄断经济，垄断真理”。还有苏联创造了“共产主义特权阶级”。

同一篇文章论述“美国何以一枝独秀”，美国发展依靠民主和科学，自然科学领先，社会科学领先。美国实行福利制度，劳资两利。

文章断言“资本主义不是有利无弊，而是利弊共生，发展越快，流弊越大；波浪起落，周期往复”。中国将怎样演进？文章认为“放弃阶级斗争，走向改革开放，参加世界贸易组织，这是参加世界一体化的第一步”。

文章断言：社会主义是理想，资本主义是现实，理想和现实，性质不同不能相提并论。（38 页）

另一篇文章指出：其实，马克思讲得很清楚，建设社会主义必先建设资本主义，要先达到高度发达的资本主义，还要联合全世界的工人阶级一同建设社会主义。

文章还说明：“人类已经不能没有理想了，没有理想就失去精神支柱和前进方向。但是，抬头仰望理想的时候，必须低头看清楚前进的脚步，不可把理想捧上天堂，把现实贬入地狱。”（6 页）

全球化一往无前，天地无阻

《朝闻道集》的重要文章之一是《全球化巡礼》。这篇文章论述世界发展的新趋势。它指出：人类历史是不断的聚合运动，全球化是人类聚合运动的新阶段。全球化由工业化而发育，由信息化而成形。

全球化的初步成果是：交通高速化、信息网络化、贸易世界化、生产外包化、工厂无人化（机器人工作的工厂叫无人工厂，无产阶级不是越来越多，而是越来越少。股票制度产生持有股票的工人阶级，劳资区别模糊了）、文化国际化。

二战之后产生许多国家的联合议会组织比如联合国。欧洲二十多个国家产生了欧洲联盟（欧盟）。苏联瓦解后，独而又联，1991 年成立“独联体”。2007 年，中国、俄国、哈萨克斯坦、吉尔吉斯、塔吉克、乌兹别克等国成立上海经济合作组织。1951 年东南亚国家成立东盟。2002 年，非洲 53 国成立非盟。阿拉伯国家 2005 年有个松散的联络机构——阿拉伯国家联盟。地区联盟应当是全球化的基础组织。

世界各国，发展极不平衡，将永远在不平衡中共同

前进。（72 页）

经济全球化对人类生活贡献最大。工业外包使后进国家发展了工业，扩大贸易是进出口双方大幅度增加收入。观念大变，过去反对资本侵略，现在欢迎外资来临。如今世界至少有一半人口提高了生活水平。21 世纪的和平演变正在发展。（98—99 页）

几句结束语

《朝闻道集》内有近百篇文章，篇篇立论精深，需要认真领会。这篇笔记着重记下这本书关于社会发展规律的理论，我认为它们是实事求是的历史观，科学的历史观；认识它将有助于了解现实世界和我们自己国家的发展的道路。

马克思也是历史学者，他关于资本主义社会演进为社会主义社会的论述，都只是历史研究的推论，没有经过实践的检验。因此，苏联否定资本主义制度这个历史阶段，企图建立直接通向共产主义的“发达的社会主义社会”，结果搞成了封建社会主义，没有民主，没有法治，没有繁荣的市场经济，失尽民心，终于全部瓦解。关于苏联的解体，《朝闻道集》有专论分析。

关于资本主义国家美国的发展过程，这本文集也有专论，足以辨明许多是非问题。文集还分析当今的俄罗斯正在从头建设资本主义。

可以说，《朝闻道集》确实为读者打开了一个世界知识的新天地。我将把它当作反复阅读的“座右铭”。

（原载《炎黄春秋》2010年第9期）

■**链接**

后资本主义的曙光

周有光

资本主义时期之后的历史时期叫什么？有人叫它信息化时期，有人叫它知识化时期。这里暂且叫它后资本主义时期。后资本主义时期已经露出曙光。读报人在不经意中看到跟过去迥然不同的时代特征。对这些随时来到跟前的时代特征，这里试做走马看花。

一、经济方面的时代特征

（一）全自动化

全自动化就是机器人化，机器人代替劳动者。

工厂没有了工人，农场没有了农民。我在国外初次看到这种景象，大为惊奇！

一间很大的车间，墙内有一圈玻璃墙，参观者在玻璃墙外可以看清机器一步一步的工作，没有一个工人，只有两个工程师在走动着注视机器运转是否正常；产品制成，自动检验是否合格，然后输出玻璃墙外；这就是没有工人的工厂。

很大很大的一片农场，场主开车陪我绕场一周，查看作物生长情况；整个农场整整齐齐，鸦雀无声，汽车走了好久才看到五个技工在操作一台机器。这就是没有农民的农场。

机械化发展为半自动化、全自动化、智能全自动化。劳动不用劳动者，全世界的无产阶级不是不断扩大，而是不断缩小，这是后资本主义的第一特征。

全自动化不仅应用于工厂和农场，还应用于交通管理、办公室工作。家庭劳务和其他方面，特别是应用于军事，例如无人隐形侦察机。

我在美国加州，特意去试乘全自动化的高速铁路。车站里没有服务员，一个也没有；兑换、买卡、刷卡、进站等程序，全凭简单的指示牌行事，车厢里也同样没有服务员。我在日本也乘过全自动化的高速铁路新干线。

中国也要全自动化吗？无产阶级和贫下中农将往哪里去找工作呢？

（二）企业外包

发达国家的工资不断提高，原来有利可图的企业变成无利可图。于是，把这样的企业迁移到工资较低的发展中国家去，叫做“企业外包”。中国开放，外资涌来，大都属于“外包”性质。

玩具工业，原来在美国和日本兴盛，后来迁移到台湾和香港，最后又迁移到中国大陆，一步一步躲避工资上升。说不定以后会迁移到非洲某些国家去。

美国的硅谷把大量软件工作外包给印度去做，印度得到高报酬，美国付出低工资。日本工厂在中国城市招考大学毕业生，到日本进修一年，重回中国城市，为日本工厂工作，工资高于中国城市，但是低于日本工厂。这些也是外包。

有一次，我到维也纳，朋友约我去看一个展览会。展览的是美国航天飞机的一扇门，由奥地利承造，门上一个螺丝钉价值5000美元。美国第一架宇宙穿梭机，部件由国际招标制造，总体设计归美国统筹。奥地利得标制造机门，加拿大得标制造机械手臂，这也是外包。

在全球化时期，企业外包将成为经常现象，这能带动后进地区的经济发展。

旧的看法，这是“以邻为壑”；新的看法，这是国际合作。过去反对外资侵略，现在欢迎外资进入。经济思想发生了180度的变化。

（三）知本主义

封建社会最宝贵的财产是土地，资本主义社会最宝贵的财产是资本，后资本主义社会最宝贵的财产是知识。今天，世界上富可敌国的大富豪，不是用资本创造财富，而是用知识创造财富。只要有适当的知识，就可以创造财富。知识重于资本。“资本家”变成“知本家”；“资本主义”变成“知本主义”。

二、政治方面的时代特征

（一）欧盟

欧盟是全新的大国模式，史无前例。

资本主义是多极世界，强国林立，彼此兼并。两次世界大战，欧洲受害最深。痛定思痛，探索长治久安之计。

1952年，法国、德国、意大利、比利时、荷兰、卢森堡成立“欧洲煤钢共同体”。试行以后，成绩卓著。1954年全部取消六国之间的“煤、焦炭、钢、生铁、废铁”的贸易壁垒、营业额扶摇直上。

受此鼓励，1957年成立“欧洲经济共同体”，又称“（六国）共同市场”，目标是：取消成员国之间的贸易壁垒，建立单一的贸易政策；协调运输系统、农业政策和一般经济政策；取消限制自由竞争的各种措施，保证劳力、资本、技术和企业家的自由往来。1958年首次降低成员国之间的关税，1968年取消成员国之间的全部关税。

这期间成员国之间的贸易额增加了4倍。4倍是一个惊人的数字！共同体国家一片欢腾！

共同市场，多国一体；自由竞争，优胜劣汰；发展先进，改造落后；每一经营项目都向先进看齐，经济由此腾飞。

1973至1995年，引来9个新成员国：（1973年）英国、爱尔兰、丹麦；（1981年）希腊；（1986年）西班牙、葡萄牙；（1995年）奥地利、芬兰、瑞典；1967年成立“欧洲共同体”（EC）；1993年成立“欧洲联盟”（EU，欧盟），起初有12国，不久增加到15国；2004年5月1日，欧盟东扩，又增加10国，共25国。

增加的10国中，7个原属苏联集团：爱沙尼亚、拉脱维亚、立陶宛；波兰、匈牙利、捷克斯洛伐克。一个原属南斯拉夫：斯洛文尼亚。一个地中海岛国马耳他，说阿拉伯语。一个亚洲岛国塞浦路斯（南北分裂，希腊一半加入欧盟）。

欧盟东扩，原苏联集团国家纷纷加入，他们害怕苏联复活，再一次来侵吞，迫不及待，要求参加，完全自愿，绝非勉强。

入盟条件：经济市场化，政治民主化，文化多元化；冲破国境线和绝对主权观念；统一货币，统一关税。一体化（integration）代替多极化（multipolarity），选票箱代替枪杆子，结束冤冤相报、战争轮回。这是欧洲的多国聚合运动，最终目的是建成一个“欧洲合众国”（USE）。

土耳其积极希望加入欧盟，暂时落空。原因：地理（欧小亚大），宗教（伊斯兰教占99.8%），文化（现代化不足）。一次大战后，土耳其共和国诞生（1923年），实行世俗化。政教分离，信教自由，解放妇女，革新司法，采用姓氏，去除教服，文字拉丁化。世俗化成绩斐然。但是世俗化只是走出古代，不是走进现代。走进现代还需要现代化。

欧盟的建制原理，符合中国的儒家理想。儒家主张和平统一，反对武力兼并。“孟子见梁襄王，出语人曰：望之不似人君，猝然问曰：天下恶乎定？吾对曰：定于一。孰能一之？对曰：不嗜杀人者能一之。孰能与之？对曰：天下莫不与也。”这一段对话，是欧盟建制的最好说明。希特勒的“武力兼并”未能统一西欧，民主协商的“文功联合”组成了欧盟。孟子“不嗜杀人者能一之”的理想成为现实。

（二）联合国

联合国是世界政府的胚胎，全球化时代“世界一体、天下为公”的象征。但是，事实上实行寡头统治：五个常任理事国有否决权，控制一切。原来是四国（美英法中）对一国（苏联）；现在变成二国（美英）对三国（法俄中）。这反映国际形势发生了重大变化。联合国的作用虽然微不足道，可是世界已经不能没有联合国。

（三）无接触战争

大刀对洋枪固然可笑，接触战争对无接触战争同样可笑。

海湾战争使我知道什么是巡航导弹。南斯拉夫战争使我看到打仗可以不用陆军。阿富汗战争使我明白宗教狂热挡不住炮火。伊拉克战争使我了解精准炸弹的威力。未见敌人，已分胜负。无接触战争是新型战争。

两次大战，继以冷战，使美国成为惟一的超级军事大国。电视上看到，爱国者导弹在高空打掉远远飞来的飞毛腿导弹，这是防御导弹的雏形。美国正在到处设置新型防御导弹，目的是使别国的原子弹不发生作用。

恐怖分子用美国的飞机毁灭美国的摩天大楼。“以子之矛、攻子之盾”，不比美国的高科技更高一筹吗？到处反恐，找不到恐怖头子，很像堂吉诃德向风车开战。

目前，美国的军费超过了其他所有国家的军费总和。勃列日涅夫曾经把苏联的庞大石油外汇全部用于扩军，结果加快了苏联的解体。美国会重蹈苏联覆辙吗？

三、文化方面的时代特征

（一）信息化

信息化依靠“三大件”：电脑、电视、手机。

电脑开辟了信息化时代。

人有三个脑袋：脖子上面是人脑，图书馆是纸脑，电子计算机是电脑。脑袋延伸，智力飞翔，人类成为真正的“智人”。

计算机从数学运算工具发展成语词处理设备，又发展成传递电子信件、图片动画、彩色照片、远距离检索等多种功能的网络。一片光盘容纳一部百科全书而有余。

电脑不仅能处理字母文字，还能处理“大字符集”的汉字。处理汉字，从整字输入，到编码输入，到拼音输入，经历了三步突破。现在，只要输入拼音，以语词、词组、成语、人地名等为单位，立刻自动变成汉字输出，不用任何编码。拼音在电脑上发挥了中外文化交流的桥梁作用。

原来硕大无朋的计算机，变成轻巧的笔记本式个人计算机（PC）。全世界的计算机联成一个国际互联网，成为人类的世界神经系统。

电视。电视使穷乡僻壤和通都大邑连成一片。花花世界走进老百姓的家庭。世界不再是零碎、片段、老死不相往来，而是整体化、联系化、息息相关、互通声气。视野扩大，世界观大变。

手机。北京马路上骑着自行车飞跑的人，一手扶车把，一手听耳机。这情景告诉我们，手机时代已经来到中国。耳听十万里、话通全世界，远地亲友随时见面谈话。手机兼作相机，还能代替电视，又能贮存大量资料。

前苏联主席戈尔巴乔夫访问芬兰，看到手机，问："这能打电话吗，没有电线?"芬兰人说："您试试看。"戈一试，打通了！十分意外！小国技术超过了大国。时代变了！

日美之间的翻译电话已经基本成功，不久可以商业化。东京讲日语、纽约听到英语，纽约讲英语、东京听到日语。下一步是研究汉语和英语之间的翻译电话。手机加上翻译功能，将更加神通广大。

（二）生物工程

中国菜市场有转基因蔬菜出售。例如特大的甜椒、特大的西红柿。

克隆羊多利，大家知道。中国克隆猪也实验成功，还未见商品肉出售。

中国100个试管婴儿在北京聚会，显示技术的成功，道德的更新，“传种接代”有了补充方法。

印度的绿色革命成效显著。19世纪最后25年间，印度饥馑死亡1500万人；印度独立后进行绿色革命，缺粮大国变为余粮大国。

我在维也纳吃到以色列在沙漠里种植的黄瓜，我的外甥女婿在伦敦吃到以色列在沙漠里种植的大白菜。以色列发明“滴灌”农业，使沙漠变成良田。中国有留学生在以色列学习沙漠农业。

资源要再生循环利用。节约原料，重复使用，废物变宝，不是空话。

（三）开辟外空

登月球。探火星。地球太小，开辟外空世界。今天有航空，还有航天，明天将有跟星星往来的航星。今天有空军，明天将有天军，后天将有星军。

上面所谈的一些时代特征，主要来自大众报刊上的标题消息，挂一漏万，毫无系统。这是普通老百姓生活中的感觉，是左邻右舍的街谈巷议，不是学术探讨。可是这已经可以说明人类历史进入了全新的时期，不同于过去了。历史指示：与时俱进、前途光明，逆时后退、失败淘汰。个人如此、国家如此。不要太早做预言，但要及时做总结，避免伟大预言家发生过的预言错误。

（2004 年 6 月 6 日，时年 99 岁）

（录自《百年新稿》）

大国往事的追思

评议往事的醒世警言

——读周有光《拾贝集》

超百龄学者周有光继2010年出版《朝闻道集》之后，年末又出版了他的《拾贝集》，它们的内容有所不同。

《朝闻道集》集中刊出了周老近年阐述人类社会发展规律的宏论，说明当今世界各国的变革都具有全球化的共性，说服力特强，备受读者欢迎，已被两岸三地誉为“2010年十本最好书籍”之一。

《拾贝集》别具一格，只收少数几篇说理的长文，其他九十来篇文稿都短小精悍，有的是周老的随感，有的只是一段段旧闻摘录，由于它们都是世事的真实披露和公平评说，对读者的启示也都十分强烈。这本新书的编者张森根同志，为书名《拾贝集》加了个副题——“105岁老人的醒世警言”，标明了新书的主要特点。我作为读者深有同感，这本文集无疑又是周老精心写作的启蒙杰作。

政治敏感和正义精神

《拾贝集》收容的文章分为三集，以“清流拾贝”为题的第一集是作者对一些正常事物的宣扬。以“浊流淘沙”为题的第二集却是对一些令人遗憾的事物的反思。以“以史为鉴”为题的第三集大多是许多国家“左祸”的例证。就内容文章分集的观点来说，就足见作者的政治敏感和正义精神。

这本文集的绝大部分随笔都是作者读书看报之后的副产品，作者自己勤读不厌，还诲人不倦。他记录了自己的心得体会，有的还经过精心加工，立意帮助人们开拓视野，启发思考，增进新的认识。

举一个明显的例：“清流拾贝”集的短文之一《不

丹王国的民主化》。这是周老在2008年4月28日读《新京报》后所写随感，开头部分写不丹的概况，然后是摘录报纸所载专家的评论；文章说明了古老的不丹王国，国泰民安，没有发生政治动荡，国王却主动放弃君主大权，周老点评说："从历史发展来看，是民主化这一全球化时期的正常现象。"

同时，周老还慨言：当今"人类正在打破常规，小国文明走在大国的前头去了。东亚'四小龙'的起飞。北欧小国的超前发展。小国芬兰的手机传遍全球。小国瑞典的'民主社会主义'誉满天下。山沟沟里的不丹王国，忽然变成君主立宪、多党竞选的民主国家。惊世骇俗的事情一件接着一件迎面而来。现在不是大国带动小国，而是小国带动大国，在科技方面、在政治方面、开创全球化的新篇章。小国崛起是全球化的新趋势"。

反对教条主义的观点

我读完全书之后体会到：文集的第二集"浊流淘沙"

里作者的随感同样发人深省。举例说：《马克思的哲学推理》，作者只摘录了外国学者的话：

“一位俄罗斯学者说：资本主义分三个阶段：一战之前是‘初级阶段’（1640—1914），两战之间是‘中间阶段’（1919—1939），二战之后是‘高级阶段’（1945—2000）。马克思（1818—1881）去世在一战之前三十一年，他只看到‘初级阶段’的前期，没有看到‘初级阶段’的后期，更没有看到‘中级阶段’和‘高级阶段’。马克思没有看到资本主义的全貌，因此《资本论》只可能是‘哲学推理’，不可能是‘科学论证’。”

尽管是引言，是摘录，同样说明作者周老反对教条主义的开放观点。他读了许多外国书，为我们读者引进了崭新的理念。

文集的第三集“以史为鉴”，所有25段书报摘录都触目惊心，其中苏联《大清洗的清单》、《斯大林主义》、《卡廷惨案》、《红色高棉始末》，都是血腥的历史记录，足以令读者得到重要的感悟：哪里实行暴力社会主义，也都必然走向失败。

此外，第三集收录的《普列哈诺夫的遗嘱》，说明这位俄罗斯政治家当年确有先见之明。他说过："国家的伟大并不在于它的领土甚至它的历史，而是民主传统和公民的生活水平。只要公民还在受穷，只要没有民主，国家难保不发生社会动荡，甚至政权垮台。"这些话已经由苏联70年的历史作了证明。整篇遗嘱无疑对当今全世界后来人都是重要的政治教训。

《拾贝集》的附录是编者森根同志为文集外加的其他作者的6篇文章，他们一致地深情赞扬周老先进的思想和朴实的作风，他诲人不倦、助人为乐，特别关怀年轻人。

世界眼光和历史眼光

关于对《拾贝集》总的评价，我以为编者在《增订版编辑前言》中所说的一段话十分周到，对我加深认识周老很有帮助，我照抄如后：

"本书与《百岁新稿》和《朝闻道集》一样，也是一本反映他跨学科研究心得的杂文集，他以独特的风格对人类文明和中外历史经验教训进行新的审视，对国家、社会和文化深层次的问题进行理性的反思。”

此外，森根同志还评价周老的著作说：“他的文章平实而高远，简练而睿智，不单是见所常见，思其所未思，有的几乎达到了见所未见、思所未思的境界。他怀有超然物外的胸襟和气度，开阔而深邃的世界眼光和历史眼光。他时刻牢记知识分子承担的社会责任和历史责任。难怪有的评论家和读者称他是当代中国一位‘重量级思想家’。”我也完全赞同。

（2011 年 3 月 5 日，时年 96 岁）

■链接

苏联历史札记

——成功的记录和失败的教训

周有光

苏联解体已经十多年。苏联既有成功的记录，也有失败的教训。苏联历史是当代知识分子不能不读的必修课。我阅读苏联历史十多种，包括周尚文等《苏联兴亡史》(2002)、陆南泉等《苏联兴亡史论》(2002)、曾严修《半杯水集》(2001)、约翰根瑟《今日俄罗斯内幕》(1958，英文)、美国驻苏大使马特洛克《苏联解体亲历记》(中译本，1996)、纽约时报通信集《苏联帝国的衰亡》(1992，英文)等。下面的读书札记是苏联的一幅素描。

俄罗斯历史素描

俄罗斯历史分期：(1) 基辅罗斯：公元862年北欧瓦朗人在诺夫哥罗德建立政权，882年成立大公国基辅罗斯。(2) 金帐汗国 (1243—1502):1237 年蒙古人成吉思汗的孙子拔都占领伏尔加河下游,建立金帐汗国;16 世纪初斯拉夫人摆脱蒙古统治。(3) 沙皇帝国 (1547 - 1917):1547 年伊凡雷帝 (1533—1584 在位) 自称沙皇;1721 年彼得大帝 (1689—1725 在位) 改称帝国,实行西化,扩张疆土。一次大战惨败,帝国覆灭。(4) 苏联 (1917 - 1991):1917 年成立苏维埃俄罗斯共和国 (苏俄),1922 年成立苏维埃社会主义共和国联盟 (苏联),1991 年苏联解体。(5) 俄罗斯联邦,1991 年独立,放弃专制,改行民主。

苏联领导人:列宁 (在职 7 年),斯大林 (29 年),赫鲁晓夫 (11 年,政变下台),勃列日涅夫 (18 年),安德罗波夫 (2 年),契尔年科 (1 年),戈尔巴乔夫 (6 年,政变下台)。共 74 年,7 任领导,5 人死后卸任,2 人政变下台。斯大林在职最长,有 29 年,树立苏联模式,被称斯大林主义。

苏联历史轮廓:一次大战,俄军惨败,沙皇退位,杜马（国会）组织民主临时政府。1917年俄历十月，列宁党人杀死沙皇及其家属，推翻临时政府，建立苏维埃政权，实行军事共产主义。1918年3月3日列宁签订“布列斯特·立托夫斯克和约”，退出对外战争，割让给德国土地100万平方公里，赔款60亿马克。内战结束后，改行新经济政策（1921—1928），经济恢复到战前水平。

1924年列宁逝世，斯大林继任，提出苏联一国可以建成社会主义。1928年开始社会主义工业化，在短期内农业国变成工业国。1936年斯大林宣布建成“社会主义社会”，消灭了人剥削人的制度。1928—1937，实行农业集体化，消灭富农，由中农和贫农组织农业公社，后改集体农庄。发生大饥荒。

1930年代，斯大林强化独裁，排斥党政军内异己，发动大清洗。

1939年8月23日，苏联和德国订立互不侵犯条约，附有密约，瓜分波兰。德国在1939年9月1日侵入波兰，发动二次大战。苏联在1939—1940年间侵占波兰、芬兰、罗马尼亚等国大片土地，吞并波罗的海沿岸三个国家。1940年6月14日法国投降。1941年6月22日德军侵苏，1941—1945年间苏联进行卫国战争。1944年6月6日美国、英国和加拿大同盟军从英国渡海在法国诺曼底登陆，1945年4月25日苏联和美国军队在德国易北河会师，德国投降。

1941年日本偷袭珍珠港，美国对日德意宣战。1945年8月6日美国在日本广岛投下原子弹，8月9日又在长崎投下原子弹，8月14日日本正式投降。苏联在8月8日对日宣战，占领中国东北。

1964年勃列日涅夫发动政变，夺得政权；1967年宣布建成“发达的社会主义社会”。

1985年戈尔巴乔夫担任苏联总统，提出透明性和民主化，准备进行大规模改革。1991年，副总统和部长们发动政变，囚禁总统。俄罗斯联邦总统叶利钦反对苏联政变。政变领袖派去逮捕叶利钦的军人不服从命令。政变失败。总统戈尔巴乔夫回到莫斯科，辞去苏联共产党总书记。俄罗斯、乌克兰、哈萨克等宣布独立。苏联解体。

苏联的经济

成功的记录：高速工业化，农业国变成工业国。

斯大林实行“社会主义工业化”：（1）1926—1928，改建和扩建多个原有工业，三年内投资33亿卢布。（2）第一个五年计划期间，新建工业1500多个，投资248亿卢布，重工业占86%。1932年宣布四年三个月完成第一个五年计划。（3）第二个五年计划期间，新建工业4500多个，实行机械化技术改造，投资538亿卢布，重工业占83%，轻工业占17%。十来年间，改建和新建工业9000多个。苏联一跃成为欧洲第一工业国，世界第二工业国。农业国能够高速变成工业国，不走资本主义道路，当时认为开辟了人类历史的新境界。

失败的教训一：计划经济。

70年的实践证明，苏联的计划经济弊大于利：

1、僵硬。上面指令，下面听命。只可竞赛，不许竞争。效率低下，创新无能。

2、挥霍。私营浪费，公营挥霍。官办企业，无不亏损。产品粗劣，废品惊人。

3、贫穷化。社会主义工业化，能使国家强大，不能使人民富裕。优先发展重工业和军事工业，工业越多人民越穷。欧洲有一条贫穷倾斜线，从西欧到中欧到东欧，越往东越穷，到苏联最穷。

消灭大小资本家的结果是，消灭了发展经济的一代管理人员。管理技术是发展经济的必要条件。苏联统治集团消灭剥削阶级，自己变成新的剥削阶级。学者对比：苏联的剥削率高出于资本主义国家。

东德西德原来相差无几，分为一社一资之后，西德参加六国共同市场、经济突飞猛进，东德在计划经济的束缚下、生产停滞，东西两边高低不平。东德工人经柏林逃往西德，十年间走了六百万人。东德建筑一道挡不住自由的柏林墙。

失败的教训二：农业集体化。

农业集体化是苏联工业化取得资金的重要来源。农民贡赋分实物上缴和余粮征购。实物上缴多达40%。余粮征购，定价低于成本。第一个五年计划期间，取自农民的资金占工业投资的33.4%。这就是工农联盟。

另外从一般人民节约取得资金：第一个五年计划期间，增税2.3倍，增发公债4.4倍，两项资金在1929年占苏联预算20.2%。裤带太紧，民怨沸腾。

1929年强迫2500万农户加入集体农庄和国营农场。1937年有93%农户加入集体农庄。国营农场和集体农庄的耕地达到全部耕地的99.1%。

消灭富农：1930年消灭的富农分三等：第一等，6万多户，处死；第二等，15万户，流放；第三等，80万户，扫地出门。三等共100多万户，平均每户7.3人，合计730多万人。

发生大饥荒，饿死人数以千万计。著名粮仓乌克兰饿死六百万人。

失败的教训三：大清洗。

工业化，集体化，工农骚动，干部愤懑，政权发生危机。为了稳定政权，实行大清洗。

1934年12月1日，苏联领导人之一基洛夫被暗杀。斯大林认为国外敌人勾结国内异己进行颠覆，“阶级斗争越来越尖锐”。1934年12月到1938年12月，处死140万人。仅1938年11月12日一天，斯大林和莫洛托夫批准枪决的就有3167人。

第17次党代表大会选出的中央委员71人，有51人处死，2人自杀；候补中央委员68人，有47人处死。列宁建立的第一届人民委员会，连列宁自己共15人，有8人处死，1人驱逐出苏联。大清洗前有6位元帅，4位处死；有195位师长，110位处死；有220位旅长，186位处死。海军舰队司令员只留1人。航空国防委员会和化学国防委员会的领导人全部清洗。

列宁遗嘱中提到的六人，除斯大林自己外，五人（托洛茨基、季诺维也夫、加米涅夫、布哈林、皮达可夫）都被处死。1929 年斯大林放逐托洛茨基，1940 年派人到墨西哥把他刺死。

苏联早期来华的重要人物，除一二例外，都被杀害。越飞，苏联驻华代表，1923 年签订国共合作的《孙文越飞宣言》，被迫自杀。达夫强，接替越飞任驻华代表，1938 年处死。杨明斋，山东人，十月革命加入俄共，1925 年带领第一批留学生赴苏，1938 年处死。加拉罕，1923 年苏联驻华大使，1937 年处死。鲍罗廷，苏联驻国民党总代表，1951 年死于流放。加伦将军，苏联元帅，任孙中山顾问，1938 年处死。罗明那则，1927 年共产国际驻华代表，处死（一说自杀）。拉狄克，1925 年任莫斯科中山大学校长，1939 年处死。米夫，继拉狄克任校长，1939 年处死。鲍格莫洛夫，1933 年任驻华大使，1937 年处死。布勒洛夫，十月革命人物，1927 年前在中国，1940 年处死。

斯大林的第二个妻子劝说斯大林无效而在 1932 年自杀，他们的女儿在斯大林死后移居国外，在回忆录中透露了这个惨剧。斯大林死后，1956年赫鲁晓夫作斯大林暴行秘密报告，暗示正是斯大林自己暗杀基洛夫，作为发动大清洗的借口。

历史学家估计，劳动营、强迫集体化、饥荒和处决而死亡的有2000万人，此外有2000万人成为监禁、流放和强迫迁移的牺牲品。

俄罗斯独立后为苏联冤案平反。消息报（2003.2.18）说：军事总监察院对1930年代和1940年代镇压案件重审，已审16万件人民公敌案，为9万3千人平反，有6万人维持原判，其中有贝利亚、叶若夫及其亲信；全部30万个卷宗将移交联邦档案馆。

俄罗斯总统叶利钦重新埋葬沙皇及其家属的骨灰，申言“革命不等于残暴”，后来在处死沙皇的遗址上修建“鲜血教堂”。

苏联的政治

成功的记录一：苏联大帝国。

历史惯例，大帝国的建立，都被看作是历史的重大事件和成功的记录，不论建立过程是残暴的还是仁慈的。苏联内层有15个加盟国，外层有7个卫星国，遥控亚非拉美几个飞地国。从中欧到东亚，从波罗的海到太平洋，横跨两大洲，威震全世界。不入于美，即入于苏。这是人类历史上诸多大帝国中非常突出的一个。苏联帮助国外被压迫民族起来革命。孙中山在民主革命一再失败之后说“欲达此（革命）目的，必须联合以平等待我之民族（苏联)”。

成功的记录二：卫国战争。

苏联抵抗希特勒侵略的卫国战争，规模之大，牺牲之惨，史无前例。

斯大林信守1939年的德苏互不侵犯条约，相信希特勒会同样信守德苏互不侵犯条约。德军攻苏前一周的1941年6月14日，塔斯社奉命辟谣，否定德军可能攻苏，申明这是帝国主义离间德苏的谣言（延安《解放日报》)。

1941年6月22日，德军从波罗的海到喀尔巴阡山，宽广1500公里，闪电侵苏。头五个月，苏军伤亡700万人，全线崩溃。斯大林惊惶失措，躲进别墅，避不见人。一些回忆录说，他垂头丧气，不知所措，左右请他担任最高统帅，他拒不接受，后经再三劝驾，方才勉强担任。

德军一举深入苏联腹地，老百姓为生存而拼死搏斗，以血肉抵抗炮火，靠严冬困扰敌寇，经过无法形容的悲惨牺牲，扭转了局面。

后期，苏军集结兵力550万人，德军调集217个师和20个旅共600万人，以斯大林格勒为中心，从1942年7月到1943年2月，两军殊死决战。德军大败。1944年6月5日，美英盟军288万人，从英国渡海，在诺曼底登陆。1945年4月25日，苏方乌克兰军在易北河与美军会师。最后，苏军250万人进攻柏林，在1945年4月27日突入柏林市中心。1945年4月30日，希特勒自杀。

二战期间，苏联生产火炮490,000门；坦克104,000部；飞机137,000架。美国支援苏联吉普车400,000辆，坦克12,000部，飞机22,000架。苏联人民死亡2700万人，苏军和盟军阵亡870万人。德军及其盟军阵亡670万人。

失败的教训：专制制度。

苏联解体的深层原因是专制制度。

一次大战之后，马克思主义在欧洲分为两派。西欧一派主张民主社会主义，组成松散的第二国际，历史背景是西欧已经民主化。东欧一派主张专制社会主义，组成严密的第三国际，历史背景是东欧（俄罗斯）尚未脱离专制传统。俄国的社会民主工党分为两派，一派以列宁为首、主张武力夺权，另一派以马尔托夫为首、主张民主竞选。专制社会主义在苏联长期当政，直至苏联解体。苏联解体之后，欧洲没有了专制社会主义当政的国家，但是仍旧有不少民主社会主义当政的国家。

列宁主义的理论基础是《无产阶级革命论》（无产阶级战胜资产阶级，统治世界）和《帝国主义论》（没落的、腐朽的、垂死的资本主义，最后成为垄断帝国主义，即将消亡）；政策要点是：反对多党制、反对议会民主、反对三权分立，主张巴黎公社式的立法和行政合一；社会主义就是消灭商品和货币，不要市场交易；实行无偿义务劳动。列宁临终前想研究市场问题，不幸两度中风，随即去世。斯大林主义是列宁主义的继承和具体化，基础理论一致，政策要点相同，只是专横和残暴发展到了顶点。

苏联模式被人垢病的畸形特点，都是专制制度的表层现象，来源于沙俄奴隶封建专制的帝国。个人崇拜（个人迷信）是帝王的光荣。斯大林跟沙皇相比，小巫见大巫。残暴是专制的工具。秘密警察，集中营，大屠杀，是沙皇的传家宝。“伊凡雷帝杀掉大批异己贵族和亲生的儿子。”“彼得大帝镇压反对改革的贵族、僧侣以及皇后和皇太子。”“叶卡捷琳娜二世杀掉丈夫彼得三世而登上女沙皇之位。”对外残暴更无顾虑。斯大林秘密屠杀波兰两万多名军官，伪称德国所杀。军国主义是专制制度的基石。1974—1984 年间，苏联石油收入多达 2700 亿—3200 亿美元，勃列日涅夫几乎全部用于扩军。侵略扩张是帝国的常规。苏联大帝国的扩张速度十分惊人。沙俄在兴盛年代每天扩张领土 800 平方公里。莫洛托夫说，

“社会主义就是苏联统治世界，而且全世界都说俄语，用俄文”。赫鲁晓夫在联合国大会上脱下皮鞋，敲打桌子，大声宣扬要埋葬帝国主义。对苏联的专制制度来说，透明性和民主化不是福寿膏，而是催命羹。

苏联的文化

成功的记录一：人造卫星，开辟外空。

1957 年 10 月 4 日，苏联首先发射人造地球卫星。1961 年 4 月 12 日，苏联首先发射载人宇宙飞船，第一个宇航员是尤里·加加林。在陆界、海界、空界三界之外，开辟第四界，外空界（天界）。

成功的记录二：普及教育，改革文字。

1958 年，义务教育从 7 年延长为 8 年。1961 年全国有 739 所高等学校，分布在 247 个城市，在校学生 260 万；有 3300 所中等专业学校，22 万 4 千所普通学校，在校中小学生共 3620 万人。1977 年，大专程度的公民有 9450 万，其中职员（企业、机关、党政）3200 万，脑力劳动者（工程、文艺、财会、通信）3750万，经济部门工作者2500万。当时全国人口25800万，知识分子占36%，加上高等学校在校学生500万，将近占40%。

苏联改革俄文正词法，在少数民族中推行拉丁化。1928年，土耳其放弃伊斯兰教的阿拉伯字母，改用拉丁字母，实行文化解放。苏联六个伊斯兰教共和国（阿塞拜疆、土库曼、哈萨克、乌兹别克、吉尔吉斯、塔吉克）继起效法，形成苏联的拉丁化运动。列宁说，拉丁化是东方的伟大革命。后来斯大林把拉丁字母改为斯拉夫字母，但是没有改回阿拉伯字母。

失败的教训一：禁锢思想，控制新闻。

尼古拉一世（1825—1855在位）规定办学宗旨："培养上帝和沙皇的忠实臣民"。沙皇提倡发展国民教育，"却又极力主张不应该让平民受太多的教育，因为等到他们懂得跟我们一样多的时候，他们就不会像现在这样服从我们了"。苏联普及教育，同时禁锢思想。老百姓说：《真理报》上无真理，《消息报》上无消息。

1986年11月5日，国家安全委员会向中央报告（密）：《当前大学生思想行为》（要点）：选读课程，出路第一；社科废话，马列无用；党委落后，高干愚蠢；心中英雄，美国牛仔。领导批示：加强意识形态教育。

1946—1949，掀起"意识形态批判运动"。文学、戏剧、电影、哲学、经济学、社会科学、自然科学，无不遭殃。1946年，左琴科作讽刺小说《猴子奇遇记》，"猴子在苏联旅行，看到城市生活艰难，诸多丑陋现象，决意返回森林"，定罪"反党"。阿赫玛托娃作诗歌，"独自沉浸在对祖国、对历史、对个人命运的思考中"，定罪"异端"。二人被开除出作家协会，禁止发表作品。索尔仁尼琴，经受12年无辜折磨之后，无罪释放。1962年发表《伊凡·杰尼索维奇的一天》，描写劳改生活，引起轰动。1965年遭受批判。1968年苏黎世出版他的《癌病房》，巴黎出版他的《第一圈》，反应强烈。苏共认为他是帝国主义冷战工具，1969年把他开除出作家协会。1970年，瑞典要给他诺贝尔奖，苏联大使对瑞典说，苏联公众将认为这是不友好行为，但是瑞典不理。巴黎又出版他的《1914年8月》和《古拉格群岛》，影响更大。1974年苏联褫夺他的国籍，驱逐出境。1974年瑞典隆重地为他举行诺贝尔颁奖仪式。

我在一本书中看到，高尔基被否定了，大吃一惊！书中说，斯大林叫他去看一个劳改营，犯人一人一件新衣，一人一份报纸，但是报纸都故意颠倒着看。高尔基给他们把报纸转了过来，可是回去以后写的文章美化劳改营，讨斯大林的喜欢。我的朋友说，他一早就知道高尔基被否定了，因为以高尔基命名的地名都改掉了。

赫鲁晓夫不许得诺贝尔文学奖的著作在苏联出版，后来赫鲁晓夫自己的《回忆录》也不得不偷运到意大利去出版。赫鲁晓夫的儿子过了60岁之后，申请移民美国，在入籍考试的20个题目中，答对了19个，可是1个答错了：他不知道美国是“三权分立”，闹了笑话。这不能怪赫鲁晓夫的儿子，要怪苏联的政治教科书上不许谈“三权分立”。

失败的教训二：伪造历史，摧残科学。

几乎吹捧成圣经的《联共（布）党史》，苏联解体后被批得体无完肤，认为理论僵化，历史伪造。俄罗斯开放苏联档案之后，历史学家根据档案重写历史，这需要时间。暂时翻译一部法国人写的俄罗斯历史，作为代用课本。俄罗斯教育部长说：我们的历史也要进口。

苏联摧残科学，创造马列主义“真科学”、对抗资本主义“伪科学”。李森科创造米丘林生物学，认为后天获得可以遗传。马尔创造马尔语言学，认为语言有阶级性，无产阶级语言将取代资产阶级语言。这些都是显赫一时的官方科学。结果“真科学”变成“真正的伪科学”。

苏联的解体

1991年8月5日，苏联总统戈尔巴乔夫去克里米亚度假。

8月19日：副总统亚纳叶夫、国防部长亚佐夫、克格勃主席克留奇科夫、内务部长普戈等共八人组成“紧急状态委员会”，宣布总统因健康原因不能视事，由副总统依法接替。软禁总统于克里米亚，切断电话电视，总统不得不用他身边的小收音机偷听美国之音。在莫斯科方面，调动坦克师、摩托化师、空降师和其他部队，包围俄罗斯政府办公大楼“白宫”。控制信息渠道，但是未能全部封闭。群众五万人聚集“白宫”广场，支持俄罗斯政府。坦克兵态度友好，叶利钦走出“白宫”，登上坦克向群众演讲，坚持改革，反对政变，要求放回戈尔巴乔夫。电视实况传播全世界，反响强烈。吉尔吉兹、乌克兰、白俄罗斯、乌兹别克等共和国总统宣布反对政变。美国总统布什起初观望，后来宣布不承认政变政权。

8 月 20 日：空军、空降、海军、战略火箭等司令，反对政变。莫斯科军区空降师奉命去逮捕叶利钦，不执行命令。塔曼摩托化师，掉转枪口，保卫“白宫”。

8 月21 日：国防部给集合在“白宫”前的军队下达命令：凌晨攻占“白宫”。但是负责领先进攻的特种部队“阿尔法”小组，不听命令，按兵不动。空降兵、内务部部队等，也都按兵不动。攻占“白宫”流产，政变三天失败。

戈尔巴乔夫由叶利钦派人接回莫斯科。政变首犯八人，内务部长自杀，七人被捕，以叛国罪起诉。戈尔巴乔夫辞去苏共总书记，苏共解散。1991年12月25日，戈尔巴乔夫宣布停止苏联总统职务，苏联结束。

俄罗斯联邦改用十月革命前的“三色旗”为国旗。列宁格勒改回旧名圣彼得堡。叶利钦声称“结束共产主义思想体系和实践的统治”。西欧记者问叶利钦：你搞垮了苏联后悔不后悔？叶利钦说：苏联的解体是俄罗斯前进的必要条件。

历史学家说俄罗斯1200年的历史分为如下阶段：（1）游牧社会，（2）游牧—奴隶社会，（3）奴隶—封建社会，（4）封建—社会主义社会，（5）资本主义社会。理论是资本主义结束之后发展社会主义，事实是社会主义解体之后发展资本主义。

2003年6月9日，时年98岁

（录自《百岁新稿》）

试答“美国20问”

“美国20问”是学者周有光所编《见闻随笔》中采用的一个资料，我以为是作者留供思考的一个提纲。

后来我发现“美国20问”的答案，大部分可以在《见闻随笔》出版前一年另一本学者的著作《百岁新稿》中，主要在文章《美国社会的发展背景》中找到。我在读《美国社会的发展背景》之后，这篇笔记就试着按“20问”逐个回答：

1. 问：美国为何建国在北美而不在中南美？

答：早在1492年哥伦布发现美洲之后，西班牙人和葡萄牙人先后来到南美和中美，并建立了他们众多的殖民地，进行残酷的掠夺。那时北美广大的土地上人烟稀少，榛莽未辟。大约在西班牙人来到美洲一百年之后，英国的一批批清教徒来到北美，他们开始在这里尽力开发，终于在北美建立了一个新的国家美国。

2. 问：英国殖民跟西班牙殖民有何基本区别？

答：西班牙殖民主要在掠夺，他们发展种植园，使用奴隶劳动，走封建和奴隶社会道路，他们是来运走美洲的财富，不是来建设一个比西班牙更美好的国家。英国和西班牙的道路不同，英国人和后来他们的子孙美国人在北美大力开发，发展工业，实行自由劳动，走资本主义道路，建设美国不是为了英国，而是为了美国自己，要把美国建设成比英国更美好的国家。

3. 问：美国为何要打独立战争？

答：1776 年以前英国人在北美开发，英国政府对他们还有所控制，可是北美的英国清教徒们具有强烈的自立精神，他们越来越不服宗主国的压制。1775 年，英国为了加强对北美殖民地的控制，动兵镇压，引起当地人民的反抗，终于爆发了这次独立战争；结果美国摆脱了英国的统治，获得了独立自由，开创了一个从殖民地叛变而成的独立国家。

4. 问：南北战争如果南方战胜，会有什么后果？

答：美国独立后，内部发生两条道路的斗争。北方实行工业化，自由劳动，走资本主义道路。南方推广种植园，依然走封建和奴隶社会道路。南北战争实际上是一场资本主义和封建势力的斗争，如果这场战争南方地主势力获胜，那就是美国新兴趋势的失败，整个美国就可能变得和其时西班牙和葡萄牙统治下拉丁美洲各国一样，就不可能迅速发展资本主义，成为先进的发达国家。

5. 问：拉美独立战争和美国独立战争有何性质不同？

答：1808 年，拉丁美洲各西班牙殖民地，在美国独立和欧洲启蒙思想的影响之下，纷纷起义，争取独立，它们同西班牙宗主国之间的独立战争一直打到 1826 年，历时 18 年，最后西班牙各个殖民地全部独立，成立了许多个自主的国家。但是由于美国独立战争时期美国已经发展工业，流行资本主义思想，独立之后成为资本主义国家，而拉美各国虽然也通过反对宗主国的战争取得独立，但是它们固有的封建体制没有变，因此，拉美独立战争并不是一次反封建和奴隶制度的社会革命，同美国独立战争具有性质上的差别。

6. 问：林肯“葛底斯堡演讲”的要点是什么？

答：1860 年林肯当选美国总统，1961 年爆发南北战争，起先北方受挫，1863 年葛底斯堡一役北方大捷，扭转战局。林肯纪念阵亡将士，发表《葛底斯堡演讲》，强调“人生来平等”，并提出“民有、民治、民享”三大民主原则。这些要点使他的这篇演讲成为历史名篇。

7. 问：清教徒对美国的影响是什么？

答：清教徒是英国新教的一个革命教派，主张教徒一律平等，反对教阶区分，反对国王和主教专权，赞许现世合法财富，提倡节俭、勤奋和进取。他们相信“成事在神，谋事在人”。1620 年冬有 120 位英国清教徒搭乘“五月花号”第一艘英国移民船来到北美洲，建立最早的普利茅斯殖民地。上岸前，他们在船上议定过一个“五月花号公约”，约定上岸后要组织公民团体，制定公正的法律法令、规章和条例。此后他们的思想和作风，对美国早年的历史产生过深远的影响，他们是美国取得独立自由和迅速发展的领导力量。

8. 问：美国宪法的主要特点是什么？

答：美国宪法（1787 年）是世界上第一部成文的民主宪法，规定美国政府实行行政、立法、司法三权分立的民主共和政体。1789 年国会通过将《人权法案》10 条作为宪法的修正案，从此宪法确认人民有言论、出版、集会和信仰自由，非依法律不得扣压人、逮捕人，搜查及没收财产；刑事诉讼案中的被告有权要求迅速公审和律师辩护。此后补充的修正案有：废除奴隶制（1865 年）、妇女选举权（1920 年）、选举年龄定为 18 岁（1971 年）、男女权利平等（1972 年）等。体现自由、平等、博爱等原则是美国宪法的主要特点。此外，美国宪法两百多年来一直行之有效，不是装饰品。

9. 问：美国的民主理论是从哪里来的？

答：美国的民主理论主要从英国和法国继承的。英国1640年的革命开辟了一个民主化的新时代。英国革命胜利后，贵族成立议会，掌握立法权、财产权和对行政的监督，从此限制了皇族专制的特权。英国确立君主立宪制，议会由人民自由选举产生，开创了民主政治。法国受英国的影响，民主政治又有进展。1789年法国大革命成立法兰西共和国，废除国王，宪法接受《人权宣言》全部内容，规定人民有人身自由、财产、安全和反抗压迫的自由，一切公民都有言论、著作、出版的自由。美国在1787年通过的美国宪法加上1791年补充的修正案，更加确保着人民的自由。美国的民主理论的发展就由它的这些政治实践体现着。

10. 问：为什么新发明大多数出于美国？

答：外国一位学者说过：政治自由导致经济繁荣，导致教育发达，导致科技提高，导致发明众多。美国发明众多不仅由于它本国科技人才辈出，由于学术自由，政府保护知识产权，也还由于它一直接受着不少外国科技人才的移民。

11. 问：美国的发明中有哪些是非物质发明？

答：电脑的硬件是它的物质发明，电脑的软件就是一种非物质发明。再说，美国的饮料可口可乐行销全世界，快餐店麦当劳开遍全世界，它们的经营管理和营销技术，就是非物质发明。推而广之，美国的城市交通管理、知识产权的保护等等也算得是非物质发明吧。

12. 问：中产阶级对美国的影响是什么？

答：美国的中产阶级是那些从事管理工作、技术工作的人员和自由职业者，如机械工程师、小工业家、小商店主、教师、律师、会计师、新闻记者等；这部分人占美国人数中80%，他们的政治倾向直接影响美国的政治，一般说，他们要求稳步前进，选择中间道路。

13. 问：无人工厂越来越多是好事、还是坏事？

答：无人工厂是指由机器人代替工人生产的工厂；工业生产电子化，由电脑操纵机器，取代了人的体力劳动，人们从此享受到更多休闲的幸福。由于无人工厂越来越多，工业发展产生的无产阶级和资产阶级的矛盾越来越少，资本主义社会的发展有可能和平演变。我看：是好事，不是坏事。

14. 问："四小龙"的经济发展跟美国有何关系？

答："四小龙"是指韩国、台湾、香港和新加坡，它们都实行资本主义制度，按美国的模式发展，同美国开展较多的贸易，从而早在上世纪后半世纪就发财致富，被一起称为发展特快的"四小龙"。

15. 问：为什么世界各国青年都想去美国留学？

答：美国教育发达，本世纪初就有四年制大学1400所，两年制学院900所，它还是世界科学中心，自然科学和社会科学都位居世界前茅，无怪世界各国的青年都想去美国留学。据2010年11月美国国际教育学会年度报告统计，中国留美学生共12.8万人，占各国留美学生总数19%，超过占15%的印度留美学生，中国已是美国最大留学生来源国。

16. 问：美国是如何对待社会（人文）科学的？

答：社会（人文）科学在美国和自然科学一样得到重视。美国建国就一直得益于西欧在文艺复兴和启蒙运动之后发展起来的社会（人文）科学，以后它发展成世界科学的中心，坚持学术自由，科学平等原则，社会（人文）科学成为美国社会发展的重要因素。

17. 问：美帝国主义和英法帝国主义的主要区别何在？

答：以过去半殖民地的中国为例，在英法对中国发动侵略战争之后，都占领中国的土地，辟为为租界，英国还占领香港，作为它统治的殖民地。美国参与的八国联军对清朝政府的战争之后，美国把中国赔款的一部分在中国办理留美预备学堂，后来成为清华大学。美国让殖民地具有一些自立的条件，在侵略的程度上同英法有所区别。

18. 问：美国在两次世界战争中是如何取得胜利的？

答：在先后两次世界大战中，美国在大战初期都没有参战，却在战争中出售军火，牟取大利，自己发展成军事大国；它到大战后期才参加作战，它都是以充足的军备和士气对付疲乏的敌方，胜利得来比较容易。

19. 问：美国对德日两国是如何“化敌为友”的？

答：第二次世界大战之后，以美国为首的盟国对德日采取“限制军备，发展经济”的政策，军费不得超过国家总产值的1%，经济可以自由发展。德日两国经济都得到迅速发展，德国融入欧洲，德日都成为美国的坚定盟友。

20. 问：美国是怎样成为超级大国的？

答：美国成为超级大国的原因不少，首先是它的科学技术发达，它的物质发明和非物质发明创造繁多，它的软实力和军事力量都位居世界最前列。

■链接

美国社会的发展背景

周有光

美国是一个超级大国，我们需要对美国社会的基本特点有一个全面的客观了解。我翻看几本美国的历史书，尝试了解一点美国社会的发展背景，特别是这个从殖民地独立起来的只有两百年历史的乌合之众国家，是依靠什么建设成为超级大国的。下面的笔记是瞎子摸象，一定错误百出，敬请读者指正。

北美榛莽、开发殖民

1、北美榛莽、另辟蹊径

北美分三部分：北部加拿大，中部美国，南部墨西哥。人们说北美，往往指美国和加拿大，有时只指美国。从墨西哥到中美南美，称拉丁美洲，因为曾经是拉丁民族西班牙和葡萄牙的殖民地。公元1500年时候，有印地安人1500万，分为许多氏族部落，说400多种语言，散居于北美大地，人烟稀少，榛莽未辟。

1492年哥伦布发现美洲之后，西班牙立即建立美洲殖民帝国，速度之快，区域之广，史无前例。只用30年（1511—1541）时间，完成占领美洲大部分地区。首先占领古巴（1511），接着是墨西哥（1521），厄瓜多尔（1532），秘鲁（1533），阿根廷（1535），哥伦比亚（1536），巴拉圭（1537），玻利维亚（1538），智利（1541），后来有委内瑞拉（1567），乌拉圭（1777），加勒比海诸岛。每到一处，恣意杀戮，尽情劫掠，一船一船金银财宝运回西班牙。西班牙政府设“印度等地事务院”（1524，当时称美洲为印度），统辖美洲殖民帝国的“四大总督区”：新西班牙总督区（1535，首府墨西哥城），秘鲁总督区（1542，首府利马），新格拉纳达总督区（1718，首府波哥大），拉普拉塔总督区（1776，首府布宜诺斯艾利斯）。当时的墨西哥（称新西班牙）比现在大得多，包括加利福尼亚等许多地区。

1607—1733年间，英国在北美东北大西洋沿岸陆续建立13个殖民地。第一个据点是詹姆斯敦，建立于1607年。美国独立以后，土地扩张也很快。原来13个殖民地合起来只是一个小国。经过武力兼并和金钱购买，在70年间（1783—1853），从大西洋伸展到太平洋，成为两洋大国。

西班牙殖民开始于1511年占领古巴。英国殖民开始于1607年建立詹姆斯敦。前后相隔一个世纪。在这一个世纪中，已经占领北美南部墨西哥的西班牙，没有向北扩张到随手可得的北美中部（今天的美国）。

有人说，西班牙殖民帝国已经肚子饱胀、消化不良、不能再吞咽更多土地了。有人说，西班牙专检已经积聚大量财富的居民集中地区，便于迅速掠夺，不希罕人烟稀少、榛莽未辟的北美，那里要自己花大力去开发。不论原因是什么，北美中部和北部，西班牙弃之，英国取之。罗马教皇曾为西班牙和葡萄牙两国平分地球，西班牙得美洲，葡萄牙得巴西、非洲和亚洲，没有特别提及北美中部和北部。迟来一个世纪的英国人和后来的美国人在这块人烟稀少、榛莽未辟的原始土地上，人弃我取，另辟蹊径，200年后成为世界的超级大国。

2、开发殖民、两条道路

西班牙殖民和英国殖民，时间相差一个世纪，侵略意图彼此不同。西班牙是“掠夺”殖民，发展种植园，奴隶劳动，走封建和奴隶社会道路。他们是来运走美洲的财富，不是来建设一个比西班牙更美好的国家。英国和后来的美国是“开发”殖民，发展工业，自由劳动，走资本主义道路。建设美国不是为了英国，而是为了美国自己，要把美国建设成比英国更美好的国家。天下乌鸦一样黑，可是有的乌鸦只顾“抢巢”，有的乌鸦还能“筑巢”。抢巢乌鸦也筑巢，筑巢乌鸦也抢巢。但是，重点不同，方向各异。

美国独立后，内部发生两条道路的斗争。北方实行工业化，自由劳动。南方推广种植园，奴隶劳动。矛盾导致南北战争（1861—1865）。1860 年林肯当选总统。南卡罗来纳等 11 个州组成“南部同盟”，另立政府。1861 年爆发内战，起先北方受挫。1862 年林肯发布“（奴隶）解放宣言”，任命格兰特将军为北方总司令。1863 年葛底斯堡（Gettysburg）一役，北方大捷，扭转战局。林肯纪念阵亡将士，作《葛底斯堡演说》，成为历史名篇。林肯强调“人生来平等”，提出“民有、民享、民治”三大民主原则。1865 年南方主将李投降。胜利后，林肯再次当选总统，在剧院观剧时候被刺客刺死。

南北战争决定美国的发展方向：统一还是分裂，工业化还是农业化，自由劳动还是奴隶劳动，资本主义还是封建主义。方向确定，发展加快。如果南方胜利，美国今天将是拉美第二。

今天看来，把资本主义进行到底是美国的第一决策。可是当时还没有资本主义这种说法。走什么道路没有预定计划，没有现成模式，需要别出心裁，别开生面。美国就是这样在有勇气、无先例的情况下开创出来的。

欧洲的启蒙思想，美国的《独立宣言》，传来拉美。西属美洲的留欧学生，新兴商业阶层中的知识分子，成立团体，宣传革命，要求跟宗主国西班牙平等。1808 年拿破仑占领西班牙，消息传到美洲，殖民地纷纷起义。经过 18 年的残酷斗争（1808—1826），全部西班牙美洲殖民地取得独立。但是这是反宗主国的独立战争，不是反封建和奴隶制度的社会革命。黑奴照样在种植园和矿山中被迫劳动。直至今天，北美和拉美两种社会，依旧形成鲜明的对比。

抛弃皇冠，争取自由

1、抛弃皇冠、人人平等

“五月花号”是第一艘来到北美的英国移民船。船上有 102 名由清教徒带头的移民。1620 年冬天到达美洲，圣诞节后第一天上岸，建立最早的普利茅斯殖民地。上岸前，他们在船上议定一个“五月花号公约”，要组织公民团体，制订公正的法律、法令、规章和条例。这是后来美国民主的萌芽。清教徒是英国新教的一个革命教派，主张教徒一律平等，反对教阶分等，反对国王和主教专权，赞许现世合法财富，提倡节俭、勤奋和进取。他们相信“成事在神、谋事在人”。他们的思想和作风对美国历史有深远的影响。

英国人头上有一顶统治皇冠，限制人民的自由，榨取人民的财富。清教徒移民美洲，逃避盖在头上的皇冠，可是皇冠跟着来到美洲。为了摆脱头上的皇冠，不得不宣布独立，开创第一个从殖民地叛变而成的独立国家。抛弃皇冠，人人平等。

抛弃皇冠，人人平等，会不会变成一盘散沙倒退到原始社会？人人平等的社会需要用法律来作为粘合剂，使自由成为有规律的活动，自由决不是胡作非为的别名。美国独立后的第一件大事是制定宪法。

1776年7月4日，“大陆会议”通过《独立宣言》，这一天定为美国的国庆日。宣言继承和发展天赋人权和社会契约的理论，宣布一切人生而自由，上帝赋于生存、自由和追求幸福的权利；任何政府损害这些权利，人民有权更换，建立新政府。马克思赞美它为“第一个人权宣言”。《美国宪法》（1787）是世界上第一部成文的民主宪志，规定行政、立法、司法三权分立的民主共和政体。《人权法案》（1789）是10条宪法修正案，宪法的构成部分：人民有言论、出版、集会和信仰自由；非依法律不得扣压人、逮捕人、搜查及没收财产；刑事诉讼案中的被告有权要求迅速公审和律师辩护；确认民主共和、三权分立、人民的权利和自由。此后的修正案有：废除奴隶制（1865），妇女选举权（1920），选举年龄定为18岁（1971），男女权利平等（1972）等。这些都是西欧的革命思想，首先在美国得到实行。美国的宪法是实用品，不是装饰品，两百年的历史证明，行之有效。

“五月花号”不仅向往精神自由，还向往物质富裕。来到美洲，是奔赴富裕不是奔赴贫穷。财产问题在“五月花号”上就提出来了。财产是罪恶的，还是道德的？封建帝王自己穷奢极欲，教导人民安贫乐道。清教徒相反，他们肯定财富有积极意义，当然要取自正道，不能取自贪污。肯定财富，保护财富，是美国的一条基本法律。今天美国有几百万个百万富翁，还有富可敌国的超级巨富。美国成为既被嫉妒、又被垢骂的金元帝国。

2、争取自由、发明创造

一位朋友来跟我聊天。他说，中国大陆的大城市已经电气化。家用电器超过三十多种。他一口气说出“电灯、电话、电视、电脑、电铃、电炉、电冰箱、洗衣机、空调机、暖水器、微波炉”等等三十多种名称！他问，你能指出哪一种不是美国的发明吗？为什么十样倒有九样是美国的发明？他的话引起我思考。

南北战争之后，美国的工业化发展迅速。1876 年贝尔发明电话；1886 年爱迪生发明电灯；1892 年杜里雅（Duryea）兄弟发明汽车（有争议）；1903 年莱特兄弟发明飞机。1880 年美国工业超过农业。1896 年美国工业跃居世界首位。

学者提出一条“发明链条”假说：“政治自由导致经

济繁荣，导致教育发达，导致科技提高，导致发明众多。”这条假说值得思考。一言成祸，动辄得咎，还有什么发明创造的余地呢？发明创造是在自由土壤中萌发出来的鲜花。“自由就是动力。”这一点没有疑问。发明创造是不能用政府命令来催生的。政府所能做的是保护专利，保护知识产权。

自由一般指的是政治自由。此外还有“自然自由”。鸟能飞，很自由。人不能飞，不自由。发明飞机，人就能飞，就自由了。发明创造使人得到突破自然限制的自由，这在人定胜天的时代，成为头等重要的发展目标。

美国不仅物质发明多，非物质发明也多。例如电脑硬件是物质，软件是非物质，软件已经成为美国的重要财富。一瓶可口可乐行销全世界，一家麦当劳开遍全世界，这是物质还是非物质？与其说是物质，不如说是非物质。他们推销的实际不是一瓶水和一个汉堡包，而是一种服务技术，一种无中生有的非物质的发明创造。使美国成为超级大国的不是军事力量，而是发明创造。

中产阶级、中庸之道

1、中产阶级、经济源泉

社会财富是层次性的，贫富两极之间有中间阶层。在封建社会和早期资本主义社会，中间阶层人数少、力量小。社会结构像茶壶盖，上层是少数富有的特权者，下层是极大多数的贫民，这种结构不稳定。资本主义发达以后，中间阶层渐渐壮大，成为社会的主要人群。社会结构变成陀螺形，中间很大，上下很小、结构稳定。

在美国（1990 年代），一个家庭（四口）的年收入除去纳税之后有2.5 万到 10 万美元，一般认为属于中产阶级。这样的家庭占美国人口的80%，是人口的大多数。他们的职业是各种管理工作、各种技术工作和各种自由职业，包括软件设计者、机械工程师、通过文官考试的公务员、小工业家、小商店主、手工业者、教师、医生、律师、会计师、新闻记者、文学写作者等。资产阶级和无产阶级之间产生了一个新兴的中间群体：中产阶级。

农民原来都是体力劳动者，后来分为体力农民和脑力农民。工人原来都是体力劳动者，后来分为体力（蓝领）工入和脑力（白领）工人。脑力农民和脑力工人不断增多，体力农民和体力工人不断减少。今天美国的体力农民只有全国人口的百分之一点几，体力工人只有全国人口的百分之十几。农民阶级和工人阶级有逐步消失的趋势，这是所谓后资本主义现象。

教育发达、科技提高，农工生产技术发生革命。科学化、机械化、自动化、电脑化、机器人化，出现没有农民的农场，没有工人的工厂。这个趋势还在向前发展。

中产阶级人口众多，文化水平较高，是社会经济的力量源泉。他们有技术，产品的技术更新主要依靠他们。他们有购买力，产品的国内销售主要依靠他们。美国产品的出路主要是内销，内销不旺就经济萧条。

美国人民的生产能力和消费能力比别国大许多倍。美国的进出口贸易占全世界进出口贸易的主要部分。经济起飞的新兴国家和地区，都依靠美国的投资和购买，由此外汇储备得以猛增。美国经济发生波动，新兴国家和地区立刻受到影响。新加坡说，美国打一个喷嚏，新加坡就感冒了。新兴国家和地区实际是美国的经济卫星。

2、中庸之道、稳步前进

美国有两大政党，形成所谓两党制度。民主党是1828年杰克逊创立的，以“驴”为标记。共和党创立于1854年，以“象”为标记，最著名的党员是林肯。两党都没有固定的纲领，政治主张随时改变，跟创党原意没有关系。美国还有许多小党。1980年代，我在纽约旁观总统选举，当时纽约有五位总统候选人，其中一位是共产党的候选人。选举依靠得票多少，不依靠党员多少。得票少的党被新闻报道所忽略，说成两党。两党纲领彼此相近，特点不明显，被嘲笑为轮流坐庄，甚至比作“出恭”的“坐派”和“蹲派”。

竞选有自身的规律。一条规律是“趋中”（“从众”）。大家想得到最大多数的票，必须迎合最大多数群众的要求。另一条规律是“二元化”。许多党都得不到多数票，就联合起来成为两党或两个党派联盟。

美国不是没有左翼和右翼的政党，有时还有极左和极右的政党。可是他们在选举中只能得到少数或极少数的选票，而且左派和右派相互对垒，相互抵消，往往不久就自行解散了。抓住中间多数，跟着主流走，不理会左派和右派，这是选举的“趋中”策略。

中产阶级不仅经济力量大，政治力量也大，因为他们是人口的大多数，对选举起决定作用。他们的政治主张是各色各样的，但是大家希望稳步前进，害怕大起大落。这个共同心理被说成是中庸之道。中庸之道有三种含意：1、平庸无能，不讲原则，不求进取；2、消极折中，调和妥协，按中线行事；3、积极中庸，不偏不倚，可左可右，度时审势，选择最佳的中间道路。中产阶级的中庸之道是后一含意。

教育第一、化敌为友

1、教育第一、世界大学

发明创造需要人才。人才不是从天上掉下来的，而是教育培养出来的。美国的小学和中学（高等学校）教育早已普及。美国有四年制大学1400所，两年制学院900所。(2002世界年鉴)。新闻时常报道，亚洲国家的青年都争着到美国去留学，欧洲国家的青年也争着到美国去留学。美国成了一所“世界大学”。

美国教育突出发展是到20世纪后期才明显起来。教育促进科学，科学促进教育。日本学者提出“科学中心转移说”。科学成果超过全世界25%的国家就是科学中心。文艺复兴以来，科学中心不断转移。16世纪在意大利（1540—1610)。17世纪在英国（1660—1730)。18世纪在法国（1770—1830)。19世纪在德国（1870—1920)。20世纪在美国（1920—现在)。在世界知识竞技场的竞赛中，美国后来居上。科学包括自然科学和社会科学（人文科学)。自然科学和社会科学在美国得到同样重视。美国认为，美国的建国得益于西欧在文艺复兴和启蒙运动之后发展起来的社会科学。后来社会科学的高峰转移到了美国。政治学、法律学、经济学、教育学、社会学、其他社会科学，是使社会健全发展的必要知识。社会发展不健全，自然科学也难于发展。学术自由，科学平等，是美国发展教育的基本原则。

美国通过“世界大学”对世界施展影响。新科技改变了外国留学生的生活，新理论改变了外国留学生的思想。留学生回国以后，又去影响他们的同胞。电视深入到世界各个角落。电脑把全世界知识分子联系起来。吸收留学生之外，还到外国去办学。例如美国以庚子赔款的一部分在中国办理留美预备学堂，后来成为清华大学。“世界大学”是美国潜移默化改造世界的远大政策。

2、化敌为友、助人助己

两次世界大战使美国成为军事大国。一次大战（1914—1918）：美国起先中立（1914—1917），出售军火，谋取大利。德国实行“无限制潜艇战”，击沉美国船只，美国被迫在1917年对德宣战。赴欧军人200万，支持英法军备100亿美元。1918年德国投降。二次大战

(1939—1945)：美国起先中立（1939—1941），出售军火，要求“现金自运”，后来改行《租借法案》，拨款70亿美元帮助英法。法国战败向德国投降。1941年底，日本偷袭珍珠港，摧毁美国太平洋舰队，只剩3艘不在港内的航空母舰。美国被迫对日德意宣战。1944年美军和盟军从英国渡海到诺曼底登陆，有军队287万人，舰船6500艘，战斗机11000架，运输机2700架。1945年德国投降。1944—1945，美国飞机轰炸日本14569架次；1945年在日本广岛和长崎投下两颗原子弹。日本天皇广播投降，美军登陆东京，占领日本，至今美国的航空母舰停在日本横须贺军港。

两次大战，美国都是先中立，后参战，被迫宣战，后发致胜。后发致胜能激励士气，所谓哀兵必胜。但是像珍珠港那样挨打，损失惨重。“9.11”之后，美国提出要改变策略，先发致胜。在“9.11”之后（不是之前）提出先发致胜，仍旧是后发致胜。

一次战后，以法国为首的盟国对德国实行“消灭军备、限制经济”的政策。要求德国付出无法负担的巨额赔款，迫使德国狗急跳墙，刺激“纳粹”（国家社会主义）抬头，发生二次大战。法国的“马其诺防线”被耻笑为地下“柏林墙”。二次战后，以美国为首的盟国对德日改行“限制军备、发展经济”的政策。军费不得超过国家总产值的百分之一。经济可以自由发展。德日经济都得到大发展。德国融入欧洲，德日成为美国的坚定盟友。化敌为友，政策成功。

战后美国对西欧和南欧17国实行“马歇尔计划”（1940—1951），拨款130亿美元，大规模援助工农业、稳定金融和扩大贸易，使这些国家的生产总值增长50%—25%。资金大部分回流美国，购买生产资料，带动了美国经济的繁荣。战后经济由此迅速恢复。援助计划表面上帮助别人，骨子里帮助自己，助人助已，双方得益。这个助人助已政策也是成功的。

最近在美国，有雄鹰已老和雄鹰仍键两种不同看法。前者说，美国实力不足以指挥世界，威信得不到世界的服从和尊敬；事前不能预防恐怖袭击，事后抓不到恐怖分子的头目。这算什么世界领袖？西班牙帝国衰落了，法帝国衰落了，英帝国衰落了，现在轮到美帝国了。后者说，科技第一，经济第一，军事第一，未见逊位。海湾战争，南斯拉夫战争，阿富汗战争，不断更新战术。国力没有衰退，需要自惕，不必自馁。

看来，雄鹰还在飞翔，不过显然疲劳了。

（2002 年 7 月 15 日，时年 97 岁）

（录自《百岁新稿》）

关于帝国主义的笔记

2008年1月，周有光老师写作的文章《胡适和陈独秀的分道扬镳》是他读同年《炎黄春秋》第一期邵建同志的文章《胡适与陈独秀关于帝国主义的争论》的一篇笔记；其中着重记述了我国上世纪20年代出现反对帝国主义运动的由来，也还说明了胡适和陈独秀两位“五四”运动先驱分道扬镳的来龙去脉。

周著“胡陈分道扬镳”是一篇关于我国当代史的记录，它发表在《群言》杂志2008年第2期；2010年3月周老出版的文集《朝闻道集》又收录了它。我两次阅读，有所感悟，从而写下了这篇读周老笔记的笔记。

反帝策略的来历

周老首先叙述邵文有关帝国主义策略的背景，邵的文章都以上世纪90年代俄罗斯公开的大量苏共中央档案为根据。

十月革命之后，苏联成立第三国际，掀起世界革命，企图消灭整个资本主义，但它在欧洲十分孤立，只有到亚洲来扩展革命，中国成了输出革命的理想对象，因为当年这里正被认为“帝国主义最薄弱的环节”。苏联一手联络中国共产党，一手联络国民党，推进了中国的不断革命；反对帝国主义的策略被直接贯彻到国民党第一次全国代表大会通过的党纲中；于是孙中山提倡的三民主义中的民族主义，从此具有反对帝国主义的旨意。

反帝运动时热时冷

但是，周老接着叙述：南京国民党政府始终亲美，抗日战争时期得到美国大力帮助。另据历史记录：上世纪30年代初，由于德国、意大利和日本结成法西斯轴心联盟，1935年7月，共产国际第七次代表大会通过建立反对法西斯国际统一战线的方针，要求遭受法西斯侵略的国家的工人阶级政党，都要联合各党派各阶级建立统一战线，于是中国共产党在西安事变以后开始落实第二次国共合作，共产党停止推行反帝策略，而且后来为反对国民党一党专政，鼓吹拥护罗斯福“四大自由”等亲美的舆论。

直到1945年抗战胜利之后，中国共产党才开始利用援华物资等等事由，指责美国扶蒋反共，重新采行反帝策略。及至1950年发生朝鲜战争“反对美帝国主义”的口号更在中国大陆喊得震耳欲聋。一直到1972年，中美建交，反美声浪才趋向平息。但是由于列宁早年的帝国主义论和“帝国主义亡我之心不死”的一类“阴谋论”，在我国近年不时出现，主要仍指着美国。

不过，周老的笔记指出，“改革开放之后，邓小平访美，留美学生以美国为首选，出口以美国为主要去处”。

中美的关系已经相互依存，难解难分。

胡适和陈独秀的分歧

周老关于胡适和陈独秀的分道扬镳的论述，主要依据邵建文章提供的史实。

早在1921年华盛顿会议和1933年九国公约和中日订立《解决山东问题悬案条约》之后，由于日本被迫把胶州湾和德国在山东的权益归还中国，中国实行“门户开放、机会均等”，各国有同等通商权利；日本放弃“二十一条”密约，尊重中国的主权和领土完整。

于是中国内部产生两种评价，一种认为门户开放便利美国侵略中国，使中国成为以美国为首的列强公共殖民地，这是美国的侵华政策。另一种认为列强放弃在中国划分势力范围，尊重中国的主权和领土完整，中国避免被瓜分，有利于中国。

胡适当时赞成美国提出的门户开放、开辟商埠、发展中外贸易，欢迎外来投资。他相信：“投资者的心理，大多数希望所在国家享有安宁和统一。”

邵建认为胡适这种思想跟60年后的“改革开放”颇多相似之处。周有光老师认为：这是“最早的改革开放思想”，前所未闻的历史掌故。

陈独秀由于当时信仰马克思主义，并创立了归属苏联领导的中国共产党，他认定华盛顿会议和美国的门户开放主张，都是帝国主义侵略阴谋，中国反对帝国主义的斗争更加紧张了。

周老师的文章最后断言：“胡适的资本主义建国观，跟陈独秀的社会主义建国观，南辕北撤，迥然不同，历史的是非，久而愈明，真理等待时间来检验。”

总而言之，邵周两位的文章，增长了我这读者不少重要的近代史知识，我相信：它们都可以用来分辨当今我们的社会实践。

（2010年5月16日）

■链接

胡适和陈独秀的分道扬镳

周有光

《炎黄春秋》杂志（2008年1月）发表邵建《胡适与陈独秀关于帝国主义的争论》（简称“邵文”）。邵文说：1925年，陈独秀反对帝国主义而胡适不承认有帝国主义。陈独秀说：“适之，你连帝国主义都不承认吗？”胡适说：“仲甫，哪有帝国主义？”这个八十年前的“旧闻”，对孤陋寡闻的我来说，是一条闻所未闻的“新闻”，其中有两个值得注意的历史掌故：一、最早的改革开放思想；二、反帝运动的历史来历。

八十年前的外交形势

第一次世界大战，中国参加协约国对德宣战，但是只派华工不派军队。战后1919年举行“巴黎和会”，订立《凡尔赛条约》。中国参加和会，派出的代表有北洋政府的陆徵祥、施肇基、顾维钧、魏宸组，以及国民党广东军政府的王正廷（当时南北两个敌对政府合作对外）。《凡尔赛条约》不顾中国的反对，规定把德国侵占的胶州湾、胶州铁路和山东各种权益，转让给日本。日本乘欧美无暇东顾，急于独吞中国，给北洋政府提出“二十一条”密约，强迫同意，内容有：日本继承德国在山东的一切权益，日本在南满和内蒙有广泛特权，中日合办警察和兵工厂，日本在中国有建筑铁路和公共工程的优先权等等。巴黎和会的不利消息，加上“二十一条”密约的泄露，激起中国人民的极大愤慨全国罢课、罢工、罢市、大游行。这就是被称为中国文艺复兴的“五四运动”。中国代表在激昂的民气支持下，拒绝在《凡尔赛条约》上签字。

美国也对《凡尔赛条约》不满，美国代表签了字，美国国会拒绝批准条约。1921 年，美国召开“华盛顿会议”，解决远东和太平洋问题。1922 年订立《九国公约》

和《中日解决山东问题悬案条约》，限制日本太平洋海军，维持美国太平洋海军的优势；日本把胶州湾和德国在山东的权益归还中国，将胶州湾地区开辟为商埠，实行“门户开放、机会均等”，各国有同样的通商权利；日本放弃“二十一条”密约，尊重中国的主权与领土完整。日本当然非常不满，但是当时日本无力反对。

关于华盛顿会议有两种完全相反的评价。其一，认为门户开放便利美国侵略中国，使中国成为以美国为首的列强公共殖民地，这是美国的侵华策略。其二认为门户开放，机会均等，列强放弃在中国划分势力范围，尊重中国的主权和领土完整，有利于中国。孰是孰非，今天能冷静思考了吗？

历史道路的崎岖曲折

国民党北伐胜利，统一了军阀割据的中国。但是，共产党势力日益庞大、日本占领东北、准备侵吞整个中国。内忧外患不能同时解决。国民党决定先消灭共产党，然后抗日，“攘外必先安内”。共产党和革命群众认为，大敌当前，怎能自相残杀，要求“全国团结、一致攘外”。国民党正在全力“剿共”的时候，发生“西安事变”，张学良扣留蒋介石，逼迫国民党立即抗战。

亲美、亲苏，东西摇摆，一波三折。北洋政府和南京国民政府都亲美，美国在华盛顿会议上帮助了中国，抗日战争中美国给中国的帮助更大。1949 年共产党建立新中国，大力宣传向苏联一边倒，“反对美帝国主义”的口号震耳欲聋，不仅政府反美，群众也在政府的号召下反美。斯大林死后，赫鲁晓夫作否定斯大林的秘密报告，中国以“九评”强烈批判“苏修”，中苏几乎兵戎相见。尼克松来华，中美建交；改革开放之后，邓小平访美。留学以美国为首选，出口以美国为主要去处。

最早的改革开放思想

邵文说：华盛顿会议之后的 1923 年，共产国际给中国共产党的第三次全国代表大会发出指示，“要坚持我们早先采取的立场即中国的中心任务是进行反对帝国主义及国内封建走狗”。陈独秀当然奉行共产国际的指示。胡适认为，当时外交形势好转，在这个时候提出反对帝国主义并以美国为重点，无法理解。

邵文说：胡适在1922年《努力》杂志上发表《国际的中国》，提出了最早的近似“改革开放”的思想。胡适认为，“华盛顿会议之后，因帝国主义而造成的侵略危机不是更严重了，而是逐步向好的方向转化了”。他说：“老实说，现在中国已经没有很大的国际侵略的危险了。所以我们现在可以不必去做那怕国际侵略的恶梦。最紧要的是同心协力地把自己国家弄上政治的轨道上去”；“我们觉得民主主义的革命成功之后，国际帝国主义的侵略有一大部分可以自然解决了”。

胡适赞成美国提出的门户开放开辟商埠，发展中外贸易，欢迎外来投资。他说，“投资者的心理，大多数希望所在国家享有安宁与统一。我们并不想替外国的资本主义作辩护，但是我们要知道，外国投资者的希望中国和平统一，实在不下于中国人民的希望和平统一”。

邵文说：胡适这种思想跟六十年后的“改革开放”颇多近似之处。开辟商埠近似建立特区，欢迎外资近似接受外包，不谈反帝近似不谈性社性资。胡适的“哪有帝国主义”论，“国际的中国”论，可说是最早的“改革开放”论。可惜太早了，太超前了，在当时只是一声空谷长啸，没有回响。胡适超前了一个甲子。

反帝运动的历史来历

反帝主要是反美。中国原来有亲美传统而没有反美背景。新中国成立之后，突然变成激烈的反美国家。这是什么缘故？邵文初次提出这个问题，也初次给了答案。

第一次世界大战，俄国参加协约国对德作战，不幸惨败。1917 年，列宁的共产党掀起“十月革命”，夺取政权，退出战争，对德割地赔款。德国投降后，苏联不能参加“巴黎和会”，因为它已经中途退出战争。苏联成立第三国际，掀起世界革命，企图消灭整个资本主义但是在欧洲十分孤立，只有到亚洲来扩展革命。中国是最理想的对象，“国际帝国主义最薄弱的环节”。在中国，苏联一手联络共产党，一手联络国民党，推进了中国的不断革命。国民党北伐成功，共产党内战胜利，都得到苏联的重大援助。。

邵文说：刚成立不久的中国共产党接到共产国际的通知派代表参加苏联召集的“远东被压迫民族国际大会”（1921在莫斯科举行）。中共代表张国焘说：“（苏联驻华代表）马林正式通知我参加大会，反对列强的华盛顿会议”；“确定了中国革命的反帝国主义的性质，反帝国主义成为中国革命的主要任务”。

张国焘说，“当时一般人还不知道帝国主义为何物，甚至像胡适这样的著名学者也认为帝国主义是海外奇谈。经过中共宣传和出席会议代表们的多方介绍，‘反帝国主义’这个名词不久成为人所共知；不管后来中国革命起了些什么变化，这把‘反帝国主义’的火放得确实不小，它烧遍了东方各地”。

邵文说：莫斯科会议是跟华盛顿会议对着干的，这是20世纪苏美对立在国际擂台上的第一次表现。在华盛顿会议客观上作出对中国有利的决议时，中国本土却掀起了反美的浪潮。

这次莫斯科会议，国民党也派代表（张秋白）参加。于是，苏联的反帝策略直接贯彻到国民党第一次全国代表大会的党纲中。邵文说：三民主义的民族主义过去指排满，后来改按苏联意图作了新的解释。苏联驻中国代表加拉罕向苏联报告说，中国的民族主义已按共产国际申明的精神解释，一方面反帝，一方面容许少数民族自决，也就是让蒙古独立。

苏联的革命思想逐步渗入中国青年。1920年，苏联西伯利亚当局在向共产国际的汇报中说："我们的上海分部利用这种影响对学生革命运动实行思想上和组织上的领导；同时试图使学生运动从思想上跟资产阶级知识分子团体和商人团体划清界限，因为这些团体依靠民主美国；针对美国，我们提出了社会革命面向劳动群众的方针；我们跟最激进的一部分学生一起，对在美国受教育的民主学生团体，作思想斗争”。

苏联代表索科洛夫给苏联的报告中说：“主要是广州政府可能被我们用作进行东方民族革命的工具；这场革命最终会把中国抛向协约国的敌人阵营”。邵文说：把孙中山的中国作为反美的工具；以所谓民族革命，使中国成为美国的敌人；苏联操纵中国革命，说得如此赤裸裸，如此真实！

邵文说：我们要等到1990年代，在俄罗斯公开原苏共中央大量档案之后，才窥知其中有见不得人的秘密。当年的胡适、陈独秀、孙中山，都没有见到今天公开的苏共档案，他们不可能明白其中还有深藏的奥秘。

邵文说：历史的诡异在于苏联策动中国反帝，然而，1920年代，苏联对中国来说，本身就是最大的帝国主义。这一年，苏联红军进入蒙古，使蒙古脱离中国，成为苏联的殖民地。中国在领土上，回归了山东，丢失了蒙古。苏联成功了，美国成为中国一个世纪的敌人。

胡适和陈独秀的分道扬镳

胡适和陈独秀是“五四运动”的旗手。胡适首先发动文学革命，改文言为白话。陈独秀积极响应，并把文体解放扩大为思想解放。两人共同为中国的文艺复兴奠定“民主与科学”的基石。可是，从文化革命进入政治革命的时候，两人分道扬镳了。陈独秀皈依马克思主义，创立从属于苏共的中共，不幸坠入托派噩梦。胡适坚持美国式民主孤立独行，百折不挠。他说的“哪有帝国主义”这个警句，是经过深思熟虑的。他认为，华盛顿会议保证了中国的主权和领土完整，不久废除领事裁判权（治外法权），收回租界以及海关和盐务的管理权；中国在二次世界大战之前，已经结束半殖民地的状态这时候应当抓紧时机，建设国内的政治和经济，不应当去追随苏联搞世界革命。陈独秀认为，华盛顿会议是宰割中国的会议，中国面临进一步殖民地化的危险反对帝国主义的革命更加紧张了。胡适的资本主义建国观，跟陈独秀的社会主义建国观，南辕北辙，迥然不同。历史的是非，久而愈明，真理等待时间来检验。

（2008 年 1 月 16 日，时年 103 岁）

（原载《群言》2008 年第 2 期）

孔子能为现代化服务吗?

——学者周有光解读孔孟之道

著名文史学者周有光早在上个世纪，开始着重研究文化问题。他陆续发表许多有关人类文化发展的文章，其中就有关于中国传统文化的评论。他以现代的眼光分析和比较中国古代多家学说，确信作为封建文化的儒学，具有许多积极因素，具有长远和广泛的价值，只要经过现代化的引申，就可以为现代化服务。多年来，他曾致力于研究孔孟之道如何为当今现代化服务的问题。

儒学现代化三原则

早在 1999 年 3 月，周老评论我国的传统文化，发表题为《华夏文化的光环和阴影》的文章，指出“孔孟学说实事求是，朴素无华”，它在我国清代西学东渐以前，同其他学说一起，长期为维护封建制度服务，学说本身也有过上升和衰落的经历。

2001年8月，周老进一步研究华夏文化，发表题为《儒学的现代化》的文章，他有意把原来为封建服务的古代儒学，变成为“后”封建服务的现代儒学，提出了儒学现代化的三个原则：1. 除去封建性，2. 除去保守性，3. 除去玄虚性。

然后在2005年十月，周老发表题为《华夏文化如何弘扬》的文章，其中举例说明儒学有许多积极的“信条”，有利于我国当今为思想认识的现代化服务。例如：儒家的知识信条（“知之为知之；学然后知不足；学而不思则罔”等）加以引申就能为现代知识社会服务。儒家的民本信条（“民为贵，君为轻”，“民为贵，社稷次之”等）加以引申就能为现代民主制度服务。儒家的反迷信信条（“子不语怪力乱神”，“不知生，焉知死”等）加以引申就能为现代启蒙运动服务。

周老认为儒学只要脱离迷信，脱离封建，就能重新获得现代生命。

可贵的大同理想

2009 年 3 月，周老时年 104 岁，发表了题为《大同理想和小康现实》的文章，宣扬孔子的“大同论”——距今两千五百年前孔子写作的《礼运》，这是孔子关于人类社会发展的崇高理想。孔子设想：在这个未来社会里，“大道之行也，天下为公。选贤与能，讲信修睦。故人不独亲其亲，不独子其子，使老有所终，壮有所用，幼有所长，鳏、寡、孤、独、废疾者皆有所养……”。《礼运》还阐述了在理想实现之前，社会应该处于“礼义以为纪、以正君臣，以笃父子”等有种种法规的小康局面。

周老认为，也就在孔子大同理想的启示之下，近代的康有为作《大同书》，提出“维新”的主张；孙中山创导“三民主义”，大书“天下为公”；邓小平实行改革开放，以小康为建设目标。

周老认为，孔子提出的未来社会的理想“大同论”，比西方国家的思想家如柏拉图的《理想国》、莫尔的《乌托邦》、马克思提出的科学社会主义等等“在时间上早得多，在意境上高得多”。周老还说：“这使我们不能不感叹孔子的先知先觉！”因为“孔子的‘大同理想’崇高、远大、广博、平易！”

学习孔子重在发展现实

就在这同一篇文章中，周老在赞扬孔子的远大理想之余，提到当今我国应该“仰望理想、发展现实，胸怀大同、建设小康”。马克思讲得很清楚：建设社会主义要先达到高度发达的资本主义。还要联合全世界的工人阶级一同建设社会主义。”

2009 年 6 月 2 日，周老看到了我国政府和学术界重视传统文化的情况，发表了题为《华夏文化的复兴》的文章，文末指出：“复兴华夏文化，不是文化复古，而是文化更新，不是以传统文化代替现代文化，而是以传统文化辅助现代文化，根据现代需要，用科学方法，学习和实践古人的有益教诲。在复兴华夏文化的同时，向国际现代文化的康庄大道迈进。这就是当前知识分子不可推卸的现代责任。”

2010 年 9 月 25 日，周老为北京《新京报》撰写应征文章《孔夫子的理想国》，辅导读者读书。他鼓励读者学习孔子具有远大理想。他认为，当今我国知识界不仅要关心四海之内，还要关心四海之外，为实现国家的现代化读书。他告诉读者，民主是几千年来一直在世界各国不断发展的思想；中国只要坚持改革，就在接近世界。

多年来，笔者读了周老的不少有关传统文化的论著，感觉他最近几年十分重视宣扬孔子的远大理想和处世的务实精神。他相信：只要有百家争鸣的开放条件，孔子的学说经过切实的现代化梳理，定能为当今我国的现代化事业提供极有价值的服务。

（2011 年 1 月 12 日，时年 95 岁）

要为现代化读书

——读周有光《孔夫子的理想国》

今年9月25日，北京《新京报》的《书评周刊》刊登了20位知名文化人的应征文章《关于理想的寄语》，谈论他们自己读书的情况以及关于文化的思考。耄耋学者周有光应征的文章被刊登在最前面。周老的文章并不长，才1800字，但寓意深刻，充分显示着老学长多年来坚持的启蒙思想。

周老的文章从自己早年读中学时的经历说起，那时中学老师受“五四”时代的影响，鼓励学生学习科学，改造祖国。周老希望当今我们读者都能有远大的理想。他认为孔子就具有“大同世界”的理想，我们要实现的理想是国家的现代化，也“逃不过孔夫子”的设想，无论是清末的康有为提出的目标“维新”、民国年代的孙中山倡导的“天下为公”、如今改革年代的邓小平提出的“小康”，都同孔子的理想有继承的关系。

周老指出，如今已经是全球化时代，每个人都不是仅仅一个国家的公民，还是一个世界公民，眼界就应该十分开阔，不能只讲“四海之内”，还要讲“四海之外”；读书就不仅要读本国的书，还要读点外国的书。

周老提到，英文是世界性的，欧洲许多国家都在搞“扫盲运动”，扫不识英文的盲。中国的知识分子光看中文书不行，必须也看英文书。周老说，他自己能看英文、法文和日文的书。

《新京报》的《书评周刊》曾要求应征的作者们推荐“今年你最喜欢的书”。周老说他平时读的是一些杂志，他推荐《凤凰周刊》。他说“它上面有全世界的事情，还有很真实的思想”。他这么说，是说明大家最喜欢的书应该具有的内容，这比举荐任何一本具体的书都更有普遍的意义。

在举荐读物的同时，周老还宣告他自己开了微博，他相信新科技能够加速信息的流通。他还转达国外的一篇文章的内容说，“网络畅通是件好事情，能够加速民主的发展；民主也不是那个国家的专利，这是几千年来一直在发展的思想。”

周老在这里说明，上网可以接收到广泛的信息，那里是阅读者的广阔天地。在那里读者可以读到周老本人的微博，可以接近这位非常热心的大学者。

早在2001年，周老就说过，他要和年轻人作“世纪接轨”的谈话，要告诉他们不要轻信神话，要牢记前车之鉴，后车之诫。十年来，他一直坚持着。

这次周老在应征文章中明白表示：“我是个乐观主义者。人家问我，中国有希望吗？我说中国当然有希望。我们改革开放，就是在接近世界，只要我们还在走，还在接近世界。”他希望读者都和他一样乐观。

《书评周刊》对征文曾有《拥抱理想，关照现实》的要求。我以为，周老的文章应答了这八个字的要求，倾心地数说了他对读者的希望：要广泛阅读，明了世界的发展，促进祖国现代化。

记得周老多年前说过："我的思想是入世，走进世界，追赶现代。"他这次写的文章，表达了他让广大读者都成为入世者的心愿。

（2010年9月27日，时年95岁）

■链接

孔夫子的理想国

周有光

1. 眼界开阔的阅读

我小的时候，读书的环境应该算好的，家里书很多，我的亲戚朋友也有很多是文学家，比如沈从文是我的连襟。可是在中学时候，老师常常跟我们讲，说中国不缺少文学家，缺少的是科学家。老师说，中国为什么由一个文化大国变成被人家欺负的弱国，就是因为缺少科学。所以老师鼓励我们尽量去读科学。我的同学里面很少搞文学的，都是受老师的影响，受时代的影响。大家知道，“五四”运动讲的是德先生、赛先生，这里面不谈文学，不是说文学没有用，可是文学不能建设新中国。最近不是有新版的电视剧《红楼梦》出来吗，有人会很喜欢《红楼梦》，可是假如中国人都学成贾宝玉、林黛玉那样，就糟糕了。

我家里在小的时候，学古文的条件很好，虽然我们那时候已经在提倡白话文了，可是学生写文章还是要古文，写白话文不算数的。后来到了外国，视野更广了。中国是一个大国，可是一向是讲“四海之内”，没有讲“四海之外”的。到美国，不一样了，美国人什么都讲“世界”，他们的确是眼界开阔，因为历史、文化都不一样。在中国我读了许多古书，又到外国去读外国书，我学了四种文字，中文、英文、日文、法文，看这些书都没有问题。

2. 理想国就是大同

柏拉图写过《理想国》，我却是相信孔夫子的。“理想国”这个概念，我认为是孔夫子第一个提出来的。孔夫子讲过“大同”思想。这个是我认为最早的“理想国”。孔夫子的理想，比欧洲的许多思想家高了许多，我要跟孔夫子走，不跟柏拉图走。

我认为“大同世界”不是空话，我写过一篇文章讲，中国要现代化，有三个重要的人物需要重视：第一个康有为，他搞维新，走民主道路，这是第一步，他写了一本《大同书》，这是孔夫子的思想。第二个大人物孙中山，他提倡三民主义，到处都写“天下为公”，这句话也是孔夫子讲的。第三个邓小平，邓小平改革开放，要建设“小康”，“小康”两个字也是孔夫子讲出来的。所以我说，中国三个重要的人物，都受孔夫子的影响。要搞社会主义，就逃不过孔夫子。

3. 要读外国的书

我现在主要看外国的书。我说不出哪一本书最好，不过我有一个总体印象：今天的中国知识分子，光看中文的书不行，必须要看英文。英文书是世界性的，发展是惊人的。报纸上说，在欧洲许多小国家，他们搞扫盲运动，扫的什么盲？扫的是英文的盲，不是本国文字的盲。英文的重要性大家早都知道了，芬兰这个国家是扫英文的盲最好的。因为过去每个人是一个国家的公民，现在全球化时代。每个人是世界公民，这个情况不—样了，所以要读外国的书。

平时我看一些杂志，比如《凤凰周刊》，上面有全世界的事情，还有很真实的思想。我还开了微博，因为我觉得要重视新科技，科学技术能够加速信息的流通。比方说在伊朗，他们搞选举，其实政府是要控制信息流通的。结果伊朗那边的人都拿个手机发微博，就把消息发出去了。我还看到国外有篇文章，说现在全球化时代，国家越来越透明了，技术不断更新，控制网络变得很困难。事实上这是好事情，能够加速民主的发展，整个人类的生活就会更幸福。民主也不是哪个国家的专利，这是几千年来一直在发展的思想嘛。我是个乐观主义者，人家问我，中国有希望吗？我说中国当然有希望啦，我们改革开放，就是在接近世界。只是我们还在走，还在接近世界。

我现在105岁了，不能出门，但是有很多朋友告诉我很多奇怪的事情。上海有朋友告诉我，说上海人讲，大学里面有两种“假教授”，第一种是“真的假教授”，比如我捐一笔钱给你们学校，你给我一个聘书，聘我当客座教授，这是空的啊，大家都知道这是假教授。还有第二种是“假的真教授”，就是好比哪一个官员，到大学里当院长，按照他的级别规定应该是教授，但是他没有学问，不会教书。

最近有很多学术造假、学历造假的新闻，我觉得你错了就承认错误嘛，为什么要造假呢？我在很多大学教过书，从来没有哪一个大学问我的学历，我的文凭好像没有用处。现在人们为什么要造假，因为你的学问没有用了，人家看的是文凭，这是一个根本的错误。从前跟现在不一样，我的各种证件都没有用处。

还有那个打假的方舟子，我觉得了不起，方舟子自己讲，他为什么要揭发人家的错误，是美国的影响。在美国你批评我、我批评你，都是可以的，到中国来就不行了，所以有人打他，所以说我们的学术界基本没有思想自由。我认为今天的自由已经比昨天多得多了，明天我们还会有更多的自由。假如真正有了学术自由，问题就简单多了。

（原载 2010 年 9 月 25 日《新京报》）

文字改革的贡献及其他

汉语拼音拉丁化来之不易

——几十年来无数人创造的贡献

从上世纪90年代开始，周有光老师就开始赠送我他出版的新书，其中大多数是他关于语文的论著；最早是1995年的《语文阅读》，然后是2002年的《21世纪的华语和华文》，此后有《语言文字的新探索》、《汉语拼音——文化津梁》，2009年还赠我《字母的故事》。此外他赠我的其他文集中，大多有不少他关于语文问题的论文。这些年我接受了不少关于语文的知识。

二十多年间，我知道了：从几千年前西方古人使用的丁头字，到我国当今利用的汉语拼音，是无数人（从普通人到语文专家）共同创造的成果。拉丁字母已经被当今世界极大多数国家所采用，有的用作正式文字，有的用作辅助正式文字的拼音工具，便利国际信息交流。我国的汉语拼音方案的的实施，是一个巨大的文化成就。

下面是我关于语文发展历史一些主要认识：

拉丁字母的流传

＊早在两三千年以前，地中海东岸的腓尼基地区是埃及和巴比伦两大文化中心，那里流传的丁头字等古文字中的表音符号离开表意符号独立发展，成为拼音字母。在公元前7世纪的时候，罗马帝国使用拉丁语，从而产生拉丁字母。

＊拉丁字母在文字的结构上它是最进步的音素制度；在字母的形体上，它是最简明实用的符号；在语音的表示上，它有非常广泛的适应性。由于它具有这些优点，所以它一直流传下来，被越来越多的民族所利用。

＊两千年间，拉丁字母的传布不断扩大，被利用来书写出各种不同的语言。欧洲各国首先采用拉丁字母，

然后是美洲、澳洲、非洲和亚洲的一部分也采用了拉丁字母。

＊拉丁字母和汉语结合也有很长的历史。三百五十年前，意大利的传教士利玛窦在我国传教，曾用拉丁字母作为汉字注音的符号，便于认识汉字，也还利用拉丁字母拼写出多种方言罗马字，出版过方言罗马字的《圣经》等读物，帮助传教，传布得相当广。

汉字注音需要字母

＊许多国家的实践证明，拉丁字母具有高度的适应性。26个拉丁字母可以正确地写出人类的一切语言，它已经不再是拉丁文的字母，成为全世界各国通用的字母；而且也是现代科学符号和科学术语采用的主要字母。

＊1918年由于中国政府和知识界的自尊，拒绝西化，中国汉字的注音一度采用过古汉字作为“注音字母”，历时有十年之久。不过，“注音字母”的产生使汉语拼音方法初步进入科学的领域，开创了中国表音符号的新纪元。

∗由于1919年开始的五四运动，提倡民主和科学，使西风压倒了东风，1928年南京国民党政府把民族形式的“注音字母”改变为罗马字母，也就是拉丁字母，主要在识字教育中利用。

汉字拼音拉丁化的由来

∗在20世纪20年代土耳其采用拉丁字母成功以后，苏联的少数民族主要是信伊斯兰教的加盟共和国纷纷效法，掀起了一个拉丁化运动。列宁曾说：“拉丁化是东方的伟大革命。”但是后来斯大林废除了拉丁化，取消拉丁字母，把所有拉丁化文字都改成斯拉夫化文字。

∗在苏联拉丁化运动时期，中国共产党人瞿秋白制订了一套拉丁化中国字，在留苏华侨中试用。1933年拉丁化汉字传来上海，开始了中国拉丁化新文字运动。1937年开始的抗日战争不免使运动降温。

∗20世纪50年代，新中国有志于推进启蒙运动的知识分子，坚持开展文字改革工作，国务院成立了文字改革委员会，让过去参与创制注音字母的人、参加国语罗马字的人、参加拉丁化新文字的人通力合作，设计汉字拼音方案。他们历时三年，几经反复辩论，在1958年创立了《汉语拼音方案》，成为中国语文发展历史上第二个法定的汉语罗马字方案。

文字的演变有规律

＊文字都有两重性：稳定性和演变性。文字一方面需要稳定，另一方面需要演变。没有稳定性，文字就在时间上和空间上不能流传久远。这是不少掌握文字工具的知识分子反对文字改革，甚至连简体字也反对的原因。但是，文字到了脱离了语言或落后于时代的时候，又要求改革，这时演变性就发挥作用了。没有演变性，文字就没有进步。凡是与人民大众的生活相结合的日用文字，就不能不跟着语言和书写工具的变化以及文字学的进步而表现它的演变性。

＊中国在以往几千年间保持着形声字和文言文，这

是文字脱离人民大众的结果。利用纪录音素的符号拉丁字母为汉字拼音，让汉字容易认识和便于交流是中国文字的重要演变，是人民大众要求进步的一种自觉的行动。

*过去有人以为帝国主义国家的传教士、官吏和商人把拉丁字母传布到我们中国，拉丁字母是为殖民制度服务的，反帝就该反对被他们利用的拉丁字母。其实拉丁字母和帝国主义是两回事，拉丁字母同帝国主义用的轮船枪炮等一样，也可以为反帝的人民大众利用。仇视拉丁字母是理智没有管好感情的表现。东方国家的拉丁化运动正是文化革命的一个组成部分。

文字改革专家的估计

*文字是跟着文化而不断演进的。字母的国际传布使人类的文字工具逐渐进步，趋向共同和一致。

*《汉语拼音方案》在 1958 年由国务院和全国人民代表大会公布的时候，被明白宣布不是用来代替汉字的正式文字，只是用来帮助学习汉字的拼音工具。但是，

实际上汉字拼音在打电报、在旗语中、在标明路名、店名、报刊名称时，对认字的人来说，都起着文字的作用。

＊文字改革的专家们估计，汉字的拼音工具现在已经具有“双文字”的作用；汉语拼音的实施随着范围的扩大，它的流通性不断增加，从流通在较狭的范围到较宽的范围，从辅助的地位到事实上的法定地位，中间没有不可逾越的障碍。

＊现在往前看的文字学者研究着汉语拉丁化拼音的正词法，让人们便于认识汉语拼音文字的词句。将来某一天中国会通用一种拉丁化的新文字。到那时方块汉字将依然存在，犹同西方国家的拉丁文，主要由研究古文学的人们使用，并为书法爱好者们所偏爱。

（2010 年 12 月 15 日）

■链接

汉语拼音方案草案的起草

周有光

大学时开始关心国语运动

我当时进学堂，离现在都已经90多年了。当时，我们最重视三门课：国、英、算，也就是国文、英语、数学。其他的课程大半学了都不考。小学、中学，我们国文读的都是古文，课本上没有白话。不过老师提倡我们课外看白话的书。于是我们就课上读文言，自己看白话，也能写白话文。大学里，我主修经济，但对语言学的爱好让我选修了语言学。我进的是教会学校：上海圣约翰大学。一进大学，我就用英文打字机，但是中文没有打字机，我就感觉到英文用起来非常方便。而中文则不方便。中文一定要用毛笔写。

五四运动提倡的白话运动影响的基本上是我们那批

年轻人。吕叔湘是我高中的同班同学。到大学后，我在上海，他在南京的大学。我们就通信，当时大家关心的都是中国的国语运动。我们通信的话题也主要围绕国语运动。

后来，在国民党时期有许多左翼运动。左翼运动是各种方面新的思想，类似电影有左翼运动，文学也有，语文也有。

叶籁士开创“语文”的概念

语文左翼运动有个重要人物，后来成为我的同事，叫叶籁士。叶籁士在日本读书，回来以后编了一本杂志，叫《语文》，大概就是（上世纪）20、30年代，具体哪一年我搞不清楚了。我们那时候语文两个字不是连起来，语言就是语言，文字就是文字。语文两个字连起来用并作为杂志的名称，是叶籁士开创的。

我给《语文》写文章。因为我是外行，名字都是用假的名字，就用笔名，也就是“周有光”，后来“有光”

变成了我的号。那些文章很幼稚，现在看起来都不好意思。相反，我经济学的文章就用原名周耀平。现在图书馆可以看到的《新中国的金融问题》是解放前写的。

后来倪海曙在上海搞拉丁化新文字运动，这个运动影响很大。因为语文的事情一向是高层的，而倪海曙把它带到群众里面去，带到工人里面、农民里面，广大的劳动群众也参加语文运动。

参加第一次文字改革会议

我1955年受邀参加第一次文字改革会议，并留在北京搞拼音方案，主要有一个原因。一是我参加了当时的语文左翼运动，在《语文》上发表了文章，同时还参加了拉丁化新文字运动。另外，就是在复旦校长陈望道的鼓励下也出了书。

瞿秋白认为中国的拼音文字要根据方言来定，中国就要定许多种方言拼音文字。所以拉丁化新文字运动不是一种国语运动，而是很多种方言，我的看法跟他们不一样，我觉得当时国语重要，方言不重要。我也不反对方言要写成文字，但主要力量要放在国语上面。陈望道对我提的意见非常感兴趣。他说你这些东西跟他们想法不一样，很好，你把它收集起来，出一本小书。我就根据他的意见，出了一本小书《中国拼音文字研究》，那本书也是很幼稚的，是关于拉丁化的一些文章。

两代人设计拼音方案的努力

1955 年中国新成立一个机构，叫中国文字改革委员会。下面有两个研究室。一个叫第一研究室，研究中心是拼音化问题。第二研究室研究汉字问题。领导认为我在汉语拼音方案方面过去发表过一些东西，另外我的主张还是有点道理吧，就让我主持第一研究室。这两个研究室是做具体工作的；下面还有小委员会。一个是汉语拼音方案委员会，我也是委员。拼音方案委员会中，有文改会的人，也有外面的人来开会讨论。第一研究室的中心问题是要设计拼音方案。

事实上，拼音方案在我们重新设计之前已经有过两代人的努力。中华民国成立第二年，当时的政府就开始制订注音字母方案，这是中国语文往前走的很重要的一步。这些工作是黎锦熙先生搞的，他是比赵元任更早的一批。到了赵元任，是第二代了，他们制订国语罗马字，就不用中国汉字方式的符号，而用国际通用的字母。赵元任和我是老乡，比我大，最初都没有交往。后来我到美国工作，赵元任正好在那儿读书。我常去看他并讨论语文问题，我就请教他。一直到赵元任去世前，他还写信给我。

赵元任待我像小弟弟一样

赵元任待我像小弟弟一样。

我后来在北大上课，出版了一本书《汉字改革概论》，赵元任看了以后，在美国写信给我。可是碰到了文化大革命，他这封信四年后才让我收到。其实，这封信谈的全是语文问题。

到了50年代，我们要重新设计拼音方案，赵元任的思想对我影响很大，我们设计的拼音方案就参考了国语罗马字制订汉语拼音方案。前两代人的思想当然也影响到了我们第三代。黎锦熙当然是第一个，但他的学术思想太早了，毕竟旧了点。而赵元任比较新，完全符合当时的要求，从学术角度讲很好，可推广发生了困难。什么道理呢，太复杂了。群众不能接受，外国人也学不好。我的语言思想受赵元任的影响很深，虽然我不是他的学生。后来我努力在他们的基础上再走一步。

汉语拼音文字方案

我从1955开始，就完全跟经济学脱离了关系，因为语言学是个很复杂的东西，许多东西普通人不能理解，要用全部力量，才能搞出一点工作。

当时拼音方案委员会一共有15个人，由几个大学的语言学家组成，不过主要是开会参加讨论。文改会制定具体工作由三个人来做：叶籁士、陆志韦和我。我们三人就起草了第一个草案：汉语拼音文字方案。我提出三点原则：拉丁化、音素化、口语化。事实上，我们三个人都共同提出要用26个拉丁字母，没有新字母。

沈从文反对傅汉思赞成

1958年汉语拼音方案通过以后，还是有争议。沈从文和我，都是一家人。我娶了张家的二女儿，张允和。他娶了三妹张兆和。沈从文一开始非常反对拼音，说中文怎么能用拼音来写呢，中文应该一个个字写出来的。用外国字来帮助拼音，那是中国人写外国字。不过后来我用具体事例说服了他，让他知道我们要搞中国语言文字现代化。当时我带他在打字机上做实验。用打字机，打拼音，中文拼音可以用了，也就不反对了。很有意思，我们一家子里，沈从文最初反对的同时，四妹的丈夫傅汉思却很赞成。傅汉思是德裔美国籍汉学家，研究中国古代文学。他是洋姑爷。我搞拼音，他很赞成。傅汉思是耶鲁大学的教授。拼音方案出来以后，他是耶鲁大学第一个用拼音的。

像搞外交一样搞语言文字研究工作

1979 年，领导上突然派我出席国际标准化组织会议(ISO)。我服从命令。

其实，我主要是去参加 TC46 会议的。我们中国人都不太了解国际标准化组织，许多人认为是联合国的一个机构，其实是独立的机构。它的成立比联合国还早，机构庞大得不得了。分了好多专门委员会。当时有一个专门委员会叫 TC46，是专门研究语言方面的。这个会议水平很高，有很多国际专家。但是国际有名人士对一些专门问题并不太了解。

我去参加了，我就说关于汉语的拼音方案多得不得了，法国有法国的方案，英国有英国的方案，西班牙也有自己的方案。一个鲁迅写成 20 种写法，应该统一成一个，而我们的汉语拼音方案最好。这个问题对他们来说并不简单。我就要告诉他们为什么这个方案最好。这是第一步，否则你的提案不能成立。

后来的工作颇有外交味道。当时，法国热心支持我们，日本也支持。日本很有意思，他支持我们的汉语拼音方案，我支持他们的训令式（那是日本关于日语的拼写方案）。不过英美反对我们的拼音方案。

他们为什么不同意呢？美国说，他们本来用英国的拼音方案。一改，我国会图书馆要用2000万美元来修改，我们钱也没有。我就说，没有关系，你可以暂时不修改，你就原则上同意我们，再慢慢地改。一直到20世纪最后三年，他们有了钱就改了。

外交味道颇浓的工作做了后，就要拟个草案，呈交ISO通过。争议又出现了。法国人认为草案中要将正词法写进去。我们的汉语拼音方案是以音节为单位的拼写法规则。而正词法却是以词语为单位的。但对中文和日文来说，正词法是不适用的。我们和日本提的方案中都没有正词法。我就去说服那个法国专家，我说中文和日文有共通性，与法文不一样。最终那个法国专家被我说服了。

1982年，国际投票通过了汉语拼音方案为拼写汉语的国际标准。我回来以后，开始研究以词语为单位的拼音正词法，形成了《汉语拼音正词法规则》。

（周有光口述、李健亚记录）

（原载2010年1月23日《新京报》）

众多珍闻的无穷启示

——读周有光《见闻随笔》的随感

2006年1月周有光老师出版的《见闻随笔》，是一本很有特色的书，内容不是他阐述问题的议论，而主要是周老阅读书报时的302条摘录。摘录的知识面非常之广，天文、地理、物理、化学、政治、经济、社会、文化等等方面，样样都有；大部分是平白的信息，一部分是高深的箴言。它好像是一本最简明的百科知识的杂志。它令我这读者一读再读，产生许多感悟，我曾一条条写在这本书的空白处。下面就是这些读后的杂感：

现代化思维得到增长

＊初读这本《见闻随笔》时感到杂乱无章，读一半

时又觉得珍闻不少、价值不小；通读之后，才发觉这是百科知识的精选本，内容文化知识丰富，历史教训尤多。

* 我一度想象：这本书的编者是在知识的海边散步随手捡的贝壳，后来才觉得认识不够：这本书应该是学者在“博览群书”时选用的资料，都是他自己重视的知识，不少是高深的学问；打比喻的话，这些精选的知识好比是奶牛哺育小牛的奶。

* 我阅读这本书主要的收获是：知识的提高，视野的开阔，现代化思维得到增长。

* 我确信：读这本书能得到许多科学知识，特别是分辨伪科学的方法，从而会得到积极进取的启示，奋发有为。

* 本书记录了多国民主政治发展的史实。举例说，“四大自由”（49 页）：“1941 年 1 月 6 日，美国总统罗斯福宣告：‘四大自由’是世界社会政治前进目标的基础。”“民主多米诺”（66 页）：要点是“苏联瓦解，加盟国经历了两次解放。第一次是独立，第二次是民主”。“印度经验”（118 页）：要点是“甘地和尼赫鲁深信只有民主能团结和发展印度”。

*本书还收录了许多名人往事，例如“华盛顿和拿破仑”（100 页）、“昂山素季”（241 页）、“周氏兄弟”（189 页）、“胡适墓志”（73 页）、“冰心”（103 页），对名人们都有扼要的评价。

史实和言论都发人深省

*这本书记录了一些本国的历史事实。举例说：“海参崴和瑷珲条约”（213 页）：1860 年沙俄强迫清朝政府订立不平等条约，海参崴被沙俄强占。沙俄占海参崴比英国 1842 年占香港晚 18 年，比 1557 年葡萄牙占澳门晚 203 年。我国被侵略的历史触目惊心。

*本书记述当今世界上发生的不少崭新事物，例如“现代化指标”（180 页）、“后资本主义”（110 页）、“综合国力评估”（140 页）；读者从而可以明确：我国的改革开放还有不少的路要走，千万不可骄傲自满。

*这本书摘录少数“箴言”，是其他学者和专家的言论，非常精彩。举例说，“民主与民本”（151 页）：民主

的作用是约束专权和独裁，以平等、自由和人权为基础；民本的作用是稳定王朝的统治，反对官员轻民和残民，警惕人民力量的强大和反抗。

＊本书不少珍闻具有警示作用，读者会不禁感到自己的知识不足，还有更多需要知道的知识。“学然后知不足”，确实是一条真理。

＊学有专长的人会重视本书部分内容，有可能对其他内容感到疏远。我是个记者，无何专长，于是倒对内容全部十分珍爱，对有关传播学的信息，尤其偏惜，例如“读报有门道”（62 页）。

＊本书编者博览群书，才有如此丰富的摘录。他读了古今中外的书，阅读了国内的多种报刊，还阅读过香港的《星岛日报》、《开放》杂志，美国的《新闻周刊》、《今日美国报》、《先锋论坛报》等等。

还有宝贵的学习经验

＊本书编者的《前言》说明，本书内容主要是他所

见、所闻、所思、所悟的记录，留下来给自己查看和思考；做摘录的笔记是他终身学习的方法之一。

＊本书编者在摘录时是一个读者，一个进取的学者，由于他有心推己及人，才作为编者，出版这本很有特色的书。我是个记者，当然必须多读书，多记笔记，再加上采访，调查研究，才有可能熟悉和传布新的信息。这是我的一个深刻的感受。

＊本书编者的《前言》畅谈他自己终身学习的经验，尤其宝贵。《前言》说：笔记是他学习的重要经验之一，其次是查参考书，主要是《百科全书》；查考可以提高学习的兴趣，使自己感到“进入历史的洪流”。

＊《前言》说，还有一条经验“读书按比例”：“既要读文艺欣赏的书，也要读知识理性的书，一方面培养形象思维，一方面培养逻辑思维。偏食病不利于保护健康，偏读病不利于发展思维。”

＊《前言》最后鼓励读者自学：“一个人是否能有成就，决定于他如何利用业余时间。他勉励读者：人人都能自学。

自学永不太晚。‘终身教育，百岁自学’，是我对自己的鞭策。”

*本书几百条珍闻价值无限，无疑是编者周有光老师为启示读者出版的又一本力作。对周老的书一次浏览是不够的，复读、抄录和认真思考都十分必要。

（2008 年 3 月 9 日，时年 93 岁）

周有光老人的养生之道

学者周有光先生今年104岁了，身体十分健康，至今从事学术研究，不断写作文章，发表创新见解，足证他头脑清醒，意气风发，令我感佩和羡慕不止。

许多年以前，我已经关切地询问过周老，“您是怎样保持健康的?”他的回答很简单，两句话：“生活正常，思想乐观。”今年，我通读了他的著作《周有光百岁口述》，又读了别人编的一本宣扬周老的文集《一生有光》，才更多了解了他的养生之道。

保健须注意两个方面

他在那篇题为《养生之道》的自述中说：“我想健康

最重要就是生活有规律，同时，胸襟开朗也是重要的。健康有物质一方面，有精神一方面。物质方面我要求不高。饮食上，很多荤菜不能吃，不吃油炸肉类，主要吃鸡蛋、青菜、牛奶、豆腐四样。鸡蛋一天一个。上下午各喝一杯红茶。穿衣服也简单，别人送的漂亮衣服没有机会穿，穿出来也觉得不自由。喜欢小房间，有利于听觉。”

他还说：“我想生活要有规律，胸襟要宽大。碰到许多困难胸襟宽大就无所谓。在世界上许多事情不可能样样都顺利的，吃亏就吃亏一点，没有什么了不起。遇到不顺利的事情，不要失望。要有涵养，不要让别人的错误惩罚自己，要能‘卒然临之而不惊，无故加之而不怒’。”最后这句话的意思是：“突然遭到困难时不要惊慌，被别人诬蔑时不要生气。”

另外，周老提倡终身学习，他认为老年人要“追加教育”，保持求知的兴趣，这样做有延缓衰老的作用。他向一位朋友说过：“勤于思考，脑血管经常处于舒展状态，脑神经能得到良好的保护，大脑不会早衰。”

周老关于保健的自述主要讲了胸襟，要有涵养，确实是重要的经验。2007 年 1 月，北京语文出版社出版的一本周有光先生百岁寿辰纪念文集《一生有光》，其中收录了周老从事文字改革工作时的同事们写的许多纪念文章，他们都热烈赞扬了周老的成就，在讲述周老的工作精神时，无不提到了他保健的成就。这些学者们的谈论都相当深刻和微妙，主要也是关于胸襟和涵养的体会。

长寿是“人定胜天”的结果

北京师范大学教授王宁说的好：“人们习惯于认为长寿属于‘天假之以年’，其实，长寿是‘人定胜天’的结果。周有光先生百年的经历中有失，但不患失，他当然更有得，但也不患得，可贵的是他的泰然处之。他的心理健康是他的身体健康的第一根源。他的长寿也是他的思想的长青换来的。”

王教授还说：“一个人永远不停地思考，不懈地学习，不终结信息，不放弃追求，他的体和魄都会永远充实而有营养。他思想之树长青就是他长寿的另一个根源。”

人民大学教授胡明扬对周老的长寿也有相近的看法：“一个崇高的理想，一个健康的人生观和价值观，老有所为，平和求新，‘苟日新，日日新，又日新’，不断奉献，不断与时俱进，这才是“松柏长青”的根本原因和保证。”

中国语文报刊协会会长李行健提到周老过去的家庭情况，说起他自己常陪同妻女到周老家串门，每次都受到周老夫妇的热情接待，感到二老相敬如宾，相亲相爱，心情愉快，全家也从来和好；2002年8月14日，周夫人张允和去世，行健同志赶到周老家慰问，当时周老平静安祥，对生与死的问题抱持非常理智的态度，还宽慰来人说，老年丧偶，应该顺其自然。周老真正做到了“猝然临之而不惊”，心态非常稳健；此后，多年来周老始终工作如常，著述不断。

许多学者都还提到周老心态和谐，乐于交友，严己宽人，诲人不倦，奖掖后学，从而引述古人总结过的论点“智者达，仁者寿”，断言周老长寿是当然的事。

学习周老经验确有成效

我从上述两本书摘录的这些养生之道之后，两年来一直在努力实行。尽管我的学识修养水平很低，同周老差距巨大，但学他的养生经验，确实取得了不小的效果；我至今还保持耳聪目明，常年生活正常，还能坚持学些新知识和理论，实行“追加教育”；不时还写些心得笔记，也乐意同老少亲友们倾心交流，争取共同与时俱进。

再说，周老由于具有宽阔的政治胸怀和无私无畏的勇气，已被尊称为“新潮老头儿”和“现代化老头儿”。我十分庆幸我遇到了这样一位先进的导师，还必须尽全力认真学习，争取学到他水平的百分之几。

（2009 年 6 月 29 日，时年 94 岁）

“自得其乐”的体会

我曾经了解过不少老人关于保健的经验，很多人公认的一条经验是保持乐观心情，有人还提过“三乐”经验：自得其乐、知足常乐、助人为乐。

对于“自得其乐”的意义，我以前体会不够，认为有些保守，有些消极；后来经过和老伴探讨，有了些新的体会：“自得其乐”要求有所爱好、有所进取，以有所收获为乐。这样的乐，能保持愉快心情，保持身心健康，对老人特别有益。

我常常看到路边许多老人在下棋，一个个都很愉快。我体会，这是因为下棋是他们的爱好，他们对下棋有一定的自信，于是每下一步棋，都意在争取优势，争取胜

2011 年 7 月我又一次向 106 岁的周老求教

利。这是一种靠努力取得的乐趣。

几年以前我就听说，耄耋学者周有光也发表过他的保健经验，一是生活正常，二是乐观。近年来，我发现，他的健康长寿更多得益于“自得其乐”。他今年 97 岁，多年来一直爱好读书和写作，研究问题。原来他和老伴一起维持着一个“空巢”家庭，去年老伴去世，他已经孤身一人，但仍然读书和写作不停，乐此不疲，身体保持健康，精力十分旺盛。

最近我应邀到他家作客，终于更多体会到了老人“自得其乐”的积极心态。那天，老学者同我畅谈他的读书心得，从苏联谈到俄罗斯，谈到印度和巴基斯坦，滔滔不绝。他还赠我两篇他的笔记，一篇是关于美国的，题为《美国社会发展背景》，是他阅读几本美国历史书的札记，另一篇题目为《苏联历史札记》，是他阅读十多种苏联历史书的笔记。两篇笔记都引人入胜，是我很少读到的精品。

老学者在讲到读书和写作时非常兴奋，认为他的这些心得体会不仅满足了自己的求知欲，而且可以供其他人参阅，有利于促成共识。他告诉我，他搞研究一直有个心愿：“了解过去，开创未来，历史进退，匹夫有责。”

我明显地体会到，他暮年还怀着一种责任心，以坚持研究工作推动历史前进作为他的乐事。老学者这样的“自得其乐”，不仅他自己学而不厌，而且诲人不倦，不仅他自己心情愉快，而且是他老当益壮、鞠躬尽瘁的动力。这样的“自得其乐”已经和助人为乐相结合，乐上加乐，自然具有更大的积极意义，更大的作用，更有益己和益人的效益。

我也是一个文化工作者，今年87岁，衷心拥护老学者这样的“自得其乐”。我一定要爱好学习，并以获得并传布新的知识作为晚年有所作为的人生观。

（原载2003年8月8日《重庆政协报》）

《不服老语录》的选编

2008年6月，我编了一本晚年所写文章的集子，书名为《不服老的报告》。我把自己选取的一些老年名人自勉的箴言作为这本书的“代序”，目的在于阐明不服老精神的重要意义。周有光老师说过许多不服老的话，但我只选用了他很有说服力的两句，以便于同所选其他名人语录的规格一致。下面先是周老关于不服老的语录，后面是《不服老的报告》“代序”的全文。

周有光不服老语录

常听老年人说：“我老了，活一天少一天了。我不管，我是活一天多一天。”我从81岁开始，作为一岁，从头算起。

近来有些老年人说，他们年轻时候天真盲从，年老时候开始探索真理，这叫做两头真。两头真是过去一代知识分子的宝贵经历。

老来回想过去，才明白什么叫做今是而昨非。老来读书才体会到什么叫做温故而知新。学然后知不足，老然后觉无知，这就是老来读书的快乐。

“朝闻道，夕死可矣。”这是最好的长生不老滋补品。

——2004 年 9 月《百岁新稿自序》

“20 世纪人”在世纪接轨的时刻，有责任告诉“21 世纪人”不要轻信神话，牢记前车之鉴，后车之诫。

——2001 年 4 月 8 日《20 世纪的来客》

我的思想是：入世，走进世界，追赶现代。

——2001 年 9 月 9 日《走进世界》

《不服老的报告》代序

马克思：“因为我一直在坟墓的边缘徘徊，因此我不得不利用我还能工作的每时每刻来完成我的著作。为了它，我已经牺牲了我的健康、幸福和家庭。”

1867年4月马克思给友人的信

恩格斯：“我将以我还余下的有限岁月和还有的全部精力，一如既往地完全献给我为之服务已近五十年的伟大事业——国际无产阶级事业。”

《马克思恩格斯全集）第22卷第309—310页

吴玉章：“春蚕到死丝方尽，人至期颐亦不休。一息尚存须努力，留作青年好范畴。”

《自励诗》

鲁迅：“其实我的生活，也不算辛苦。数十年来，不肯给手和眼睛闲空，是真的，但早已成了习惯，不觉得什么了。”

1936年3月18日给欧阳山、草明的信。

同年10月19日病逝

茅以升：“人生一征途耳，其长百岁，我已走过十之七八。回首前尘，历历在目。崎岖多于平坦，忽深谷，忽洪涛，幸赖桥梁以过。桥何名欤？曰：‘奋斗’。”

《茅以升》后记

巴金：“我的愿望绝非‘欢度晚年’。我只想把自己的全部感情，全部爱憎消耗干净，然后问心无愧地离开人世。这对我是莫大的幸福，我称它为‘生命的开花’。”

《集外集》后记

李锐：“精神独立自由难，八十行吟气浩然；曾探骊珠沦厄运，仍骑虎背进诤言。早知世事多波折，堪慰平生未左偏。欲唤人间归正道，学操董笔度余年。”

《八十自寿》

于光远：“八十自勉：好好学习，天天向上。”“2000年我有两句座右铭，一句是‘莫辜负了满头白发’，意思是我好不容易熬到这么大的岁数，就应该做真人，说真话。还有一句‘世界真奇妙，后来才知道’，作为我的活命哲学。”

《于光远自述》

周有光：“我是活一天，多一天。我从81岁开始，作为一岁，从头算起。”“我的思想是：入世，走进世界，追赶现代。”

《百岁新稿》

老人健康的心态

——读周有光散文《窗外的大树》

我过去读过104岁学者周有光先生许多属于社会科学的文章。最近，我在8月24日《人民日报》的副刊上，难得地读到了他的一篇散文《窗外的大树》。他的这篇文艺性的作品，和他的社会科学论文一样，给予我很多启示。

这篇以《窗外的大树》为题的散文，描写着周老85岁以后在自己的小书室里所接触的事物和感受，充分反映着老学者至今保持的谦和和乐观的心态，因而给予我这个老读者以为人和处世的许多新的感悟。

我在这里，要记下他在散文里向读者传布的那些宝贵的理念，以及我读后所引起的感想。

坚持心宽和克己

周老的散文里说，他家里的小书房才9平方米，室内只有一个小书柜、一张小书桌和他晚上屈着腿睡眠的沙发，他不嫌书室小，倒说："够了，心宽室自大，室小心乃宽。"

周老的书桌不仅小而且已经破损，破损处的木刺要刺人。他用透明胶修补后，光滑无刺，感到自己的成功堪比古人顽石补天，可称"顽石补天的现代翻版"，十分得意。由此我自然感觉老学者实在不仅安于简朴，非常克己，而且乐于开动脑筋，干一些自己力所能及的劳作。

周老的散文说到自己克服一些物质生活的困难时，回顾了他以前在"五七干校"劳动改造时用胶布贴补的裤子，还提到了诗人聂绀弩对他的赞扬："人讥后补无完裤，此示先生少俗情！"这段情节同时也反映着周老对干部下放劳动改造的心情，这可不是他乐意搞贴补的设计，却是他当年不乐意的无奈。周老记忆的是诗人"少俗情"的宝贵评价。"俗"，无疑是指一种迁就、附和以及卑躬屈膝的庸俗世态。

向往和谐和痛恨破坏

散文的后半部主要描绘周老小书室窗外的情景。

窗外的大树长得十分蓬松，创造了周老仰望窗外的“一个大树世界”；大树显示季节变化，报告天然气象，那儿栖息着多种飞鸟，它们在那儿出出进进，唱歌飞舞，它们的生活充满着欢乐，相处得那么和谐。这情景令周老欢呼：“我真幸福，天天神游在窗外的大树宇宙和鸟群世界里，其乐无穷。”

但是，很不幸，天道好变，大树由于长得太大，影响了它附近的楼房，突然被整个儿砍掉。散文沉痛地写道：大树“终于招来了大祸。一个大动干戈的砍伐行动开始了，大树被分尸断骨，浩浩荡荡，搬离远走”。散文作者周老最后不禁叹息：“天空更大了，可是无树无鸟，声息全无！”

周老对窗外美好的情景遭到如此严重的破坏，十分痛心。散文令我这读者也深有同感：美好的事物怎容摧毁！怎容破坏！

实现“晚晴”的典型

周老这篇散文显示着他多么可敬的心态，他只求过一个恬静的晚年，安于简朴，乐于克己，偏爱和谐与安定，着力谴责破坏。

我从他过去许多时事评论中就感觉到他的正义感很强，具有积极的自由主义和和平变革的明显倾向；他晚年的这种心态，正是他坚持的世界观在生活中的体现。

周老他，无疑是我们老人共同学习的一个先进典型。我们老年人不是都希望实现“晚晴”吗？这就很需要学习周老那种乐观而又清醒的健康心态。

我读《窗外的大树》次数不多，了解不深，很需要复读，更多领会。

（写于2009年8月26日时年94岁）

■链接

窗外的大树

周有光

我在85岁那年，离开办公室，回到家中一间小书室，看报、看书，写杂文。

小书室只有9平方米，放了一个上接天花板的大书架，一张小书桌，两把椅子和一个茶几，所余空间就很少了。

两椅一几，我同老伴每天并坐，红茶咖啡，举杯齐眉，如此度过了我们的恬静晚年。小辈戏说我们是两老无猜。老伴去世后，两椅一几换成一个沙发，我每晚在沙发上曲腿过夜，不再回到卧室去睡觉。

人家都说我的书室太小。我说，够了，心宽室自大，室小心乃宽。

有人要我写“我的书斋”。我有书而无斋，我写了一篇《有书无斋记》。

我的坐椅旁边有一个放文件的小红木柜，是旧家偶然保存下来的唯一遗产。

我的小书桌面已经风化，有时刺痛了我的手心；我用透明胶贴补，光滑无刺，修补成功。古人顽石补天，我用透明胶贴补书桌，不愧为炎黄子孙。

一位女客来临，见到这个情景就说，精致的红木小柜，陪衬着破烂的小书桌，古今相映，记录了你家的百年沧桑。

顽石补天是我的得意之作。我下放宁夏平罗“五七干校”劳动改造，裤子破了无法补，急中生智，用橡皮胶布贴补，非常实用。

林彪死后，我们“五七战士”全都回北京了。我把橡皮胶布贴补的裤子给我老伴看，引得一家老小哈哈大笑！

聂绀弩在一次开会时候见到我的裤子，作诗曰：“人讥后补无完裤，此示先生少俗情！”

我的小室窗户只有一米多见方。窗户向北，“亮光”能进来，“太阳”进不来。

窗外有一棵泡桐树，二十多年前只是普通大小，由于不作截枝整修，听其自然生长，年年横向蔓延，长成荫蔽对面楼房十几间宽广的蓬松大树。

我向窗外抬头观望，它不像是一棵大树，倒像是一处平广的林木村落，一棵大树竟然自成天地，独创一个大树世界。

它年年落叶发芽，春花秋实，反映季节变化，摇头晃脑，报告阴晴风信，它是天然气象台。

我室内天地小，室外天地大，仰望窗外，大树世界开辟了我的广阔视野。

许多鸟群聚居在这个林木村落上。

每天清晨，一群群鸟儿出巢，集结远飞，分头四向觅食。

鸟儿们分为两个阶级。贵族大鸟，喜鹊为主，骄据大树上层。群氓小鸟，麻雀为主，屈居大树下层。它们白天飞到哪里去觅食，我无法知道。一到傍晚，一群群鸟儿先后归来了。

它们先在树梢休息，漫天站着鸟儿，好像广寒宫在开群英大会，大树世界展示了天堂之美。

天天看鸟，我渐渐知道，人类远不如鸟类。鸟能飞，天地宽广无垠。人不能飞，两腿笨拙得可笑，只能局促于斗室之中。

奇特的是，时有客鸟来访。每群大约一二十头，不知叫什么鸟名，转了两三个圈，就匆匆飞走了。你去我来，好像轮番来此观光旅游。

有时鸽子飞来，在上空盘旋，还带着响铃。

春天的燕子是常客，一队一队，在我窗外低空飞舞，几乎触及窗子，丝毫不怕窗内的人。

我真幸福，天天神游于窗外的大树宇宙，鸟群世界。其乐无穷！

不幸，天道好变，物极必反。大树的枝叶，扩张无度，挡蔽了对面大楼的窗户；根支伸展，威胁着他们大楼的安全，终于招来了大祸。一个大动干戈的砍伐行动开始了。大树被分尸断骨，浩浩荡荡，搬离远走。

天空更加大了，可是无树无鸟，声息全无！

我的窗外天地，大树宇宙，鸟群世界，乃至春花秋实，阴晴风信，从此消失！

（2009 年 3 月 11 日，时年 104 岁）

（原载 2009 年 8 月 24 日《人民日报》）

附录

给周老的三封信

1

有光老师：

您好。谢谢您惠赠的大著《见闻随笔》。由于我通读了全书302条笔录，一直到今天才给您回信，就想告诉您对全书的读后感。

首先，我很感动，您在100岁又6天的2006年1月18日，给我寄书，这对我这个后学是一个巨大的关怀和鼓励。

我一直理解您热心于启蒙，诲人不倦。《见闻随笔》同样体现着这个思想，您的前言写得很清楚，您用302条笔录启示读者，增进世界观，特别是社会世界观；读这本书，需要思考，需要融会贯通。

这本书还介绍您的学习经验，要充分利用业余时间，

“自学永不太晚”。我体会，这一点在所谓“盛世”的今天，人们热衷于休闲，就特别重要。

这本书的价值不止于扩大读者的知识视野，还揭示了许多难得的教训。读者将感谢您摘录的《世纪反思》和其他的中外学者的箴言。人们会终于相信那位不具名的评论家说的：“一个新闻自由而不怕骂的民族才是有希望的民族。”

至于关于世界文明史的一些摘录和一些国家兴亡史的介绍，更是重要的警示。

一句话：许多摘录足以帮助读者分清先进和落后，文明和野蛮。但也有一些只是客观报道。

302条摘录中知识性的多，思想性的少。作者的心语少，别人的多，但是，作者摘录诸家的心语，也就说明作者赞同这样的心语。我作为读者，希望有一天能诵读周老自己的《论语》专著。

我仔细地读了全书，只发现3处错误，最明显的是冰心的年龄；古文的部分由于我了解不够，无力分辨。

再一次谢谢惠赠妙书，衷心希望新的大著不断问世。

恭祝健康，写作顺利！

学生于友

2006 年 2 月 7 日

2

有光老师：您好。

收到你寄来的两篇随笔，很感谢。我又一次从中体会到：你坚持自学不厌，诲人不倦，你不停地在关心世界，了解世界，研究世界，改造世界，在当今中国，克尽一个先进人士的启蒙使命。

我知道你并不需要我的称赞，我说这些只为了表达我读到你的笔记后的感受：我更该老有所学，也该老有所为。我这一辈子能做点工作，一直都在前辈提携下实现的。现在，我有幸得到你的不断关照。

我从上世纪80年代开始，就重视读你的著作，开始写了一些心得笔记，有的留供复习，有的还传布出去，让更多人感受。前些日子，就你过去发表的关于世界观的多篇评论，我写了一篇有关的综合笔记，读到的朋友都表示得益；可惜我把它寄给一个刊物，至今还没有发表，可能还由于我提到了一个有人不乐意的观点“普世价值”。

从你的宝贵经验中，我学到了有问题就查《百科全书》的习惯。最近，我的一位朋友提到伯恩斯坦，我对他了解不多，就查《简明不列颠百科全书》：它就帮我了解到西方国家对于这位恩格斯的学生的评价，它们从来都不怕社会民主主义。

再说，你提倡光学习不够，还必须思考。我认识，这是积极进取的学习态度。今天我读报，知道国家体育局的蔡振华关心全世界乒乓的发展，他建议“放水”，别包揽世乒赛的全部冠军，可是他让许多男女好手参与全部五项比赛，实际上是全力去包揽。我为此有所思考：真想实现平等竞争吗？体制改革，停止长年国家培养，学美国，让众多俱乐部去经营体育比赛。

附寄一篇拙作随笔《初读〈环球时报〉英文版》，得便请予批评指正。

再次感谢你赐寄笔记。

祝你身体健康，著述不断。

学生于友

2009年5月6日

3

有光老师：你好！

谢谢你寄赠的新书《朝闻道集》，我体会：这是你从多"百岁新稿"的新选集，是你精心选出的最精品，最具启蒙意义的杰作。

我翻阅了新书的目录，发现其中一部分我拜读过；我再翻翻，不对，它们还是我必须复读、认真地研读的新稿；它们有修正和补充，更是及时的启示，更有警世的作用。我再次感谢你惠赠这本新书。

我作为你偏爱的学生，希望你往后不断赠我你不断出版的新书，让我不断受益，不断进步。

我记得你过去说过，你把八十一岁当一岁，从头算起，你决心开创未来，追赶现代化，你今天也才二十四岁；“朝闻道”一直是你长生不老的滋补品，你还很健壮，思想仍然十分活跃，一定还会写作许多文章，出版好多新书的。这是我们众多读者越来越强的期待。

我还希望你以后在一些比较开放的刊物多发表新作，让更多读者先睹为快。这是我衷心的建议。

我不想再啰嗦什么，请多保重。再过二十几天，将是新年，我恭祝你新年快乐。

你十四岁学生于友

2009 年 12 月 9 日

后　记

回顾我自己的过去，业余时间好读报刊文章，它们曾帮助我认识世界认识未来，对我坚持尊师重道的帮助无比重大。在改革开放开始的年代，我阅读《群言》杂志，开始爱读老学者周有光先生有关文化和社会发展的文章；拜识先生以后，又通读了他赠我的所有新书，从而我不仅尊重他阐述的理论，还学到了他做笔记的习惯，加深着我所得的感悟。本书所收笔记都是我以为应该推介的周老的高见。我以为出版这本文集，传布周老的先进思想是我作为记者应尽的义务。

谢谢过去发表过我部分笔记的报刊。2010 年 10 月《炎黄春秋》杂志刊登我所写《读周有光〈朝闻道集〉的笔记》一文后，亲友们又对我有所鼓励，我终于有了汇编读周老论著笔记集的打算。

谢谢群言出版社的同志们，他们在积极出版表彰民盟著名人士著作的年月，同意出版我推崇启蒙学者周有光的这本书稿，而且给予精心设计，这无疑是他们积极经营“群言堂”支持学人建言献策的表现。

本书的一些照片都是我的儿女们提供的。他们曾陪我一同拜访过周老先生。谢谢他们的支持。

（2011 年 7 月 28 日，时年 96 岁）

图书在版编目（CIP）数据

见贤集：喜读周有光论著／于友著．——北京：群言出版社，2011.9
ISBN 978－7－80256－265－3

Ⅰ.①见… Ⅱ.①于… Ⅲ.①周有光－生平事迹②读书笔记—中国—现代
Ⅳ.①K825.5②G792

中国版本图书馆 CIP 数据核字（2011）第 174589 号

见贤集——喜读周有光论著

责任编辑　陈　佳
出版发行　群言出版社（Qunyan Press）
地　　址　北京市东城区东厂胡同北巷1号
邮政编码　100006
网　　站　www.qypublish.com
电子信箱　qunyancbs@126.com
总 编 办　010－65265404 65138815
编 辑 部　010－65276609 65262436
发 行 部　010－65263345 65220236

经　　销　全国新华书店
读者服务　010－65220236 65265404 65263345
法律顾问　中济律师事务所
封面设计　齐丽娟
印　　刷　北京画中画印刷有限公司

版　　次　2011年10月第1版　2011年10月第1次印刷
开　　本　787×1092　1/32
印　　张　10.25
字　　数　140千字
书　　号　ISBN 978－7－80256－265－3
定　　价　22.80元